S. Magnelli
T. Marin

PROGETTO ITALIANO

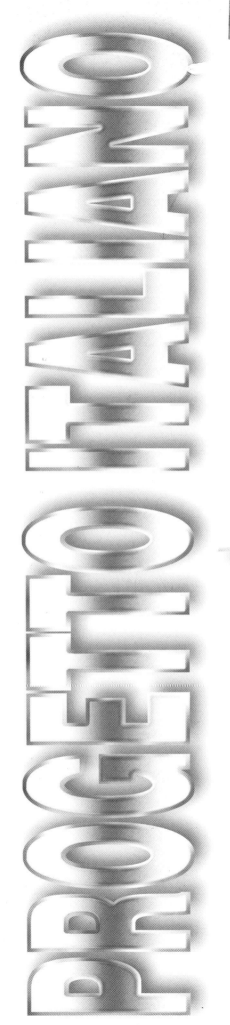

1

Corso di lingua
e civiltà italiana

VII edizione
(errata corrige a p. 160)

Livello elementare

Libro degli esercizi

EDILINGUA

ingua.it

S. Magnelli insegna lingua e letteratura italiana presso il Dipartimento di Italianistica dell'Università Aristotele di Salonicco. Dal 1979 ad oggi si occupa dell'insegnamento dell'italiano come L2; ha collaborato con l'Istituto Italiano di Cultura di Salonicco, nei cui corsi ha insegnato fino al 1986; da allora è responsabile della progettazione didattica di Istituti linguistici operanti nel campo dell'italiano L2. È coautore di *Progetto italiano 1, 2 e 3* (libri degli esercizi)

T. Marin ha studiato lingua e filologia italiana presso le Università degli Studi di Bologna e Aristotele di Salonicco. Ha maturato la sua esperienza didattica insegnando presso varie scuole d'italiano. È autore di diversi testi per l'insegnamento della lingua italiana: *Progetto italiano 1, 2 e 3* (libri dei testi), *La Prova orale 1 e 2, Primo Ascolto, Ascolto Medio, Ascolto Avanzato, l'Intermedio in tasca, Ascolto Autentico, Vocabolario Visuale e Vocabolario Visuale - Quaderno degli esercizi* ed ha curato la collana *Video italiano*. Ha tenuto varie conferenze sulla didattica dell'italiano come lingua straniera e sono stati pubblicati numerosi suoi articoli.

© Copyright edizioni EDILINGUA
www.edilingua.it
e-mail address: info@edilingua.it
via Moroianni, 65 12133 Atene
Tel./fax: +30-210-57.33.900

VII edizione: giugno 2003
Impaginazione e progetto grafico: EDILINGUA
Registrazioni: *Studio Echo*
I.S.B.N. 960-7706-06-4

Sentiamo il bisogno di ringraziare i tanti colleghi che, provando questo materiale in classe, ne hanno indicato la forma definitiva.

ai nostri cari

edizioni EdiLingua

Progetto italiano 1 T. Marin - S. Magnelli
Corso di lingua e civiltà italiana. Livello elementare

Progetto italiano 2 T. Marin - S. Magnelli
Corso di lingua e civiltà italiana. Livello intermedio - medio

Progetto italiano 3 T. Marin - S. Magnelli
Corso di lingua e civiltà italiana. Livello medio - avanzato

Video italiano 1 A. Cepollaro
Videocorso italiano per stranieri. Livello elementare - pre-intermedio

Video italiano 2 A. Cepollaro
Videocorso italiano per stranieri. Livello medio

Video italiano 3 A. Cepollaro
Videocorso italiano per stranieri. Livello superiore

La Prova orale 1 T. Marin
Manuale di conversazione. Livello elementare

La Prova orale 2 T. Marin
Manuale di conversazione. Livello medio - avanzato

.it D. Forapani
Internet nella classe d'italiano - Attività per scrivere e parlare (CD-ROM)

Vocabolario Visuale T. Marin
Livello elementare - pre-intermedio

Vocabolario Visuale - Quaderno degli esercizi T. Marin
Attività sul lessico - Livello elementare - pre-intermedio

Diploma di lingua italiana A. Moni - M. A. Rapacciuolo
Preparazione alle prove d'esame

Scriviamo! A. Moni
Attività per lo sviluppo dell'abilità di scrittura. Livello elementare - intermedio

Sapore d'Italia M. Zurula
Antologia di testi. Livello medio

Primo Ascolto T. Marin
Materiale per lo sviluppo della comprensione orale. Livello elementare

Ascolto Medio T. Marin
Materiale per lo sviluppo della comprensione orale. Livello medio

Ascolto Avanzato T. Marin
Materiale per lo sviluppo della comprensione orale. Livello superiore

l'Intermedio in tasca T. Marin
Antologia di testi. Livello pre-intermedio

Premessa

L'idea di un manuale d'italiano è nata molto prima che queste righe venissero scritte. La sua progettazione e stesura sono maturate dalla consapevolezza che la lingua è un insieme in continua evoluzione e il flusso di teorie e tecniche didattiche che vanno dalla glottodidattica alla sociolinguistica altrettanto costante. Era tempo, quindi, di proporre qualcosa di nuovo, consapevoli che nessun libro può coprire gli obiettivi comunicativi e linguistici di tutti gli studenti. Il libro che avete in mano, dunque, non ha la presunzione di essere perfetto oppure superiore ad altri di questo genere. Nostro scopo era quello di presentare un lavoro alquanto completo, in base alle nostre esperienze didattiche e ai suggerimenti dei tanti colleghi con cui abbiamo la fortuna di scambiare abbastanza spesso idee. Inoltre, abbiamo tenuto presente le nuove esigenze nate sia dalle teorie più recenti sia dalla realtà che le certificazioni d'italiano (Celi, Plida, Cils ecc.) e il *Quadro Comune di Riferimento Europeo* hanno portato. Questo senza buttare via, come spesso avviene, tutto ciò che gli approcci e i metodi precedenti hanno dato all'insegnamento delle lingue, bensì cercando un equilibrio, secondo noi assente, tra l'utile e il piacevole, l'efficace e l'interessante.

La lingua moderna, le situazioni comunicative "complete" e quanto più naturali possibile, il sistematico lavoro sulle quattro abilità, la presentazione della realtà italiana e l'impaginazione moderna e accattivante fanno di *Progetto italiano* uno strumento didattico bilanciato, efficiente e semplice nell'uso, che ha l'ambizione di far innamorare dell'Italia chi ne studia la lingua e, nello stesso tempo, di fornire tutte quelle nozioni che permetteranno di comunicare senza problemi in italiano.

Il libro degli esercizi

Abbiamo constatato che spesso i manuali di esercizi possono risultare noiosi o difficilmente apprezzabili dagli allievi per la loro eccessiva ripetitività o per il linguaggio a volte lontano dalla realtà dei giovani.

Nello stendere il presente abbiamo tenuto in seria considerazione questi dati e ci siamo sforzati di rendere semplici e piacevoli le esercitazioni a cui gli allievi vengono chiamati, attraverso l'uso di una lingua quanto più possibile vicina alla realtà. Il compito non è stato dei più facili, dovendola legare a momenti grammaticali ben precisi per permettergli una padronanza dei meccanismi linguistici e comunicativi.

Buon lavoro!
Gli autori

1 _Completate con il verbo essere; non è importante capire ogni parola_

1. Mara e Anna .... alte.
2. Noi .... italiani.
3. Tu e Carla .... ricche?

4. Tu .... bello.
5. Io .... studente.
6. Gianni .... basso.

2 _Come sopra_

1. Io e Marta .... amici.
2. Voi .... francesi?
3. I libri .... interessanti.

4. Tu .... intelligente.
5. Il signor Arturo .... malato.
6. L'italiano .... facile?

3 _Completate secondo il modello_

> Carlo è a Firenze.
> Carlo e Franco _sono_ a Firenze.

1. Voi siete a Napoli.
2. Tu sei in Italia.
3. Il signor Gianni è professore.
4. Io sono malato.
5. Voi siete spagnoli.
6. La porta è rossa.

Lui .... a Milano.
Voi .... in Germania.
Noi .... studenti.
I ragazzi .... malati.
Tu .... argentino?
La porta e la finestra .... rosse.

4 _Scegliete la forma giusta_

1. **Maria**
☐ a. sono romana
☐ b. è romana
☐ c. sei romana

4. **Gli studenti**
☐ a. sono stranieri
☐ b. è straniero
☐ c. siete stranieri

2. **L'esercizio**
☐ a. è facile
☐ b. sono facili
☐ c. siamo facili

5. **Tu**
☐ a. sono contento
☐ b. sei contento
☐ c. siete contenti

3. **Tu e Antonio**
☐ a. sei amico
☐ b. siete amici
☐ c. è amico

6. **Voi**
☐ a. siete liberi
☐ b. sono liberi
☐ c. è libero

5 _Completate con il verbo avere_

1. Carmen .... una casa.

2. Sandra e Gloria .... un amico americano.

3. Tu .... una bella macchina.

4. Tu e Gino .... un gatto bianco?

5. Io e Angela .... un'idea.

6. Io .... un problema.

6 *Completate secondo il modello*

> Io ho mal di testa.
> Noi *abbiamo* mal di testa.

1. Tu hai sempre belle idee.   Voi .... sempre belle idee.
2. Gianni ha 18 anni.   Matteo e Marta .... 25 anni.
3. Noi abbiamo ragione.   Io .... ragione.
4. Loro hanno fame.   Noi .... fame.
5. Loredana ha una Ferrari rossa.   Giulia e Piero .... una Fiat.
6. Avete voi le chiavi?   .... tu le chiavi?

7 *Scegliete la forma giusta*

1. **Maria**
   - a. hai un'amica italiana
   - b. ha un'amica italiana
   - c. avete un'amica italiana

4. **Io**
   - a. ho 30 anni
   - b. avete 30 anni
   - c. hanno 30 anni

2. **I signori Rossi**
   - a. hanno una figlia bella
   - b. ho una figlia bella
   - c. abbiamo una figlia bella

5. **Tu**
   - a. ho paura
   - b. hanno paura
   - c. hai paura

3. **Voi**
   - a. hanno fretta
   - b. avete fretta
   - c. ho fretta

6. **Io e Gianni**
   - a. abbiamo freddo
   - b. hanno freddo
   - c. avete freddo

8 *Completate secondo il modello*

> Io .... Franco.
> Io *mi chiamo* Franco.

1. Tu .... Maria?   4. Io .... Sabrina.
2. Io .... Piero.   5. Lei .... Marcella.
3. Lui .... Sergio.   6. Tu .... Marco?

9 *Completate secondo il modello*

> Io sono Valerio.
> *Mi chiamo* Valerio.

1. Lei è Anna.   .... Anna.

2. Tu sei Giorgio?   .... Giorgio?

3. Io sono Vittorio.   .... Vittorio.

10 *Rispondete alle domande*

a. Sono Mariella Console; sono italiana, di Bari; ho 19 anni.

     D: Chi è Mariella Console?

     R: ....

     D: Di dove è?

     R: ....

     D: Quanti anni ha?

     R: ....

b. Gino e Carla sono italiani; lui è di Firenze e ha 24 anni, lei è di Pisa e ha 23 anni.

     D: Chi sono Gino e Carla?

     R: ....

     D: Di dove sono?

     R: ....

     D: Quanti anni hanno?

     R: ....

11 *Mettete l'articolo determinativo davanti ai seguenti nomi; non è importante capire ogni parola*

.... Francia	.... zaino	.... corpo
.... casa	.... vestito	.... Spagna
.... penna	.... Belgio	.... albero
.... cielo	.... caldo	.... gioco

12 *Come prima*

.... psicologo	.... porta	.... aria
.... libro	.... Stati Uniti	.... Italia
.... pagina	.... uomo	.... chiesa
.... tavolo	.... donna	.... zio

13 _Mettete al plurale le parole e gli articoli (non è importante conoscere ogni parola)_

la lettera .... l'amico ....

la partita .... la fermata ....

lo studente .... la chiave ....

il treno .... la pizza ....

il negozio .... il colore ....

14 _Come prima_

la strada .... l'aereo ....

l'amore .... il francese ....

il sentimento .... il nipote ....

il dolce .... lo stivale ....

l'orologio .... la camera ....

15 _Come prima_

il bicchiere .... la stanza ....

la giornata .... il pesce ....

il mare .... la notte ....

l'americano .... il postino ....

la bambola .... il pezzo ....

16 _Come prima_

il ballerino .... la professoressa ....

il campione .... la luce ....

il cugino .... la nazione ....

la lingua .... l'appartamento ....

la stella .... la macchina ....

17 _Come prima_

il turista .... il bar ....

la foto .... lo stilista ....

la città .... il cinema ....

lo sport .... la tesi ....

il problema ....   il film ....
l'università ....   l'auto ....
il test ....   l'autista ....

TEST FINALE

A *Segnate con una X l'articolo esatto*

1. ☐ il
   ☐ lo   libro
   ☐ i

2. ☐ la
   ☐ le   scuola
   ☐ l'

3. ☐ il
   ☐ lo   ristorante
   ☐ l'

4. ☐ le
   ☐ l'   mare
   ☐ il

5. ☐ la
   ☐ le   ragazza
   ☐ l'

6. ☐ l'
   ☐ lo   oro
   ☐ il

7. ☐ la
   ☐ il   telegramma
   ☐ l'

8. ☐ gli
   ☐ i   italiani
   ☐ l'

9. ☐ il
   ☐ lo   spagnoli
   ☐ gli

10. ☐ la
    ☐ le   mattine
    ☐ il

11. ☐ i
    ☐ il   piatti
    ☐ l'

12. ☐ le
    ☐ l'   isole
    ☐ la

B *Mettete l'articolo e formate il plurale dei seguenti nomi*

1. .... aereo ....
2. .... borsa ....
3. .... problema ....
4. .... ospedale ....
5. .... sintesi ....
6. .... città ....
7. .... chiave ....
8. .... giornale ....
9. .... cinema ....
10. .... barista ....
11. .... zio ....
12. .... carne ....

C *In queste frasi ci sono alcuni errori; correggeteli*

1. Io e Gianni sono di Bologna. ....
2. Ho una problema serio. ....
3. Tu, come si chiami? ....
4. Noi siamo studenti. ....
5. Anna e Federica sono stranieri. ....
6. Chi è questo ragazzo? ....

1   *Mettete al presente i verbi tra parentesi*

1. Donato (*lavorare*) .... tanto.
2. Io (*aspettare*) .... una lettera molto importante.
3. Il professor Giannini (*ricevere*) .... gli studenti dopo la lezione.
4. Tu e Giacomo (*parlare*) .... bene l'inglese.
5. Noi (*preferire*) .... bere un espresso.
6. Alberto non (*pulire*) .... mai il suo appartamento.
7. Le fotomodelle (*guadagnare*) .... tanto.
8. Antonella e Piero (*abitare*) .... a Cesena.
9. Io (*essere*) .... di Napoli, ma (*vivere*) .... a Milano.
10. Dove (*vivere*) .... Marco e Tiziana?

2   *Completate le frasi*

1. Noi sentiamo spesso musica classica.   Voi .... spesso musica classica?
2. I ragazzi guardano con piacere la tv.   Tu .... con piacere la tv?
3. Io e Gianni partiamo domani.   Lei, signorina, quando ....?
4. Tanti giovani non fumano.   Anche tu non ....?
5. Non capisco quasi niente.   Voi .... tutto?
6. Vedete spesso film italiani?   No, non .... spesso film italiani.
7. Ora ho una nuova macchina.   Ora noi .... una nuova macchina.
8. A che ora partite?   .... verso le sette.
9. Tu perdi spesso l'ombrello.   Noi .... spesso l'ombrello.
10. Oggi prendo la macchina.   Voi oggi .... la macchina?

3   *Completate la domanda o la risposta*

Domanda	Risposta
1. Che cosa scrivi?	.... una lettera.
2. Dove ....?	Viviamo a Pisa.
3. Cosa ....?	Sento un disco di Vasco Rossi.
4. Guardi spesso la televisione?	No, non .... spesso la tv.
5. Signor Antonucci, cosa ....?	Prendo un caffè.
6. Mangiamo una pizza?	No, ... gli spaghetti.
7. .... quando parlo?	Sì, comprendo abbastanza bene.
8. Pensate già in italiano?	No, ... in spagnolo.

9. È vero che apri una libreria?   Sì, ... una libreria italiana.
10. Dove ....?   Viviamo a Napoli.

4 _Trasformate secondo il modello_

> Io finisco di studiare quest'anno.
> Lui ..._finisce_... di studiare quest'anno.

1. Finiamo di mangiare sempre tardi.
   Io, invece, ... presto.
2. Gianni finisce di lavorare verso le due.
   Luca .... di lavorare prima.
3. Preferisci un gelato o una Coca Cola?
   .... una Coca cola.
4. Signor Carlo, preferisce restare ancora un po'?
   No, ... andare via.
5. Quando finisci questo lavoro?
   .... questo lavoro domani.
6. Signorina, capisce se parlo velocemente?
   Se parla velocemente, non .... niente.
7. Per favore, pulisci anche la mia camera?
   Certo, ma .... prima la mia.
8. Ragazzi, quando finite di studiare?
   .... di studiare quest'anno.
9. Chi costruisce la casa?
   Gli operai .... la casa.
10. Lei preferisce fare le vacanze ora o più tardi?
    .... fare le vacanze a Natale.

5 _Segnate con una X la frase esatta_

1. ☐ a. Marco mange una mela.
   ☐ b. Marco mangiano una mela.
   ☐ c. Marco mangia una mela.

2. ☐ a. Noi partiamo subito.
   ☐ b. Noi partite subito.
   ☐ c. Noi partono subito.

3. ☐ a. Luciano Pavarotti e Andrea Bocelli siete cantanti lirici.
   ☐ b. Luciano Pavarotti e Andrea Bocelli sono cantanti lirici.
   ☐ c. Luciano Pavarotti e Andrea Bocelli siamo cantanti lirici.

ANDREA BOCELLI

4. ☐ a. Signor Marcello, abiti a Cremona?
   ☐ b. Signor Marcello, abito a Cremona?
   ☐ c. Signor Marcello, abita a Cremona?

6 *Completate secondo il modello*

> Gianna parla al telefono.
> Maria e Gianna ...*parlano*... al telefono.

1. Mara parla bene l'italiano.
   Le ragazze .... bene l'italiano.

2. Non lavoro in quella libreria.
   Noi non .... in quella libreria.

3. L'agenzia non apre stasera.
   I negozi .... ogni giorno.

4. Andrea comincia a lavorare presto.
   Patrizia e Vanna .... a lavorare tardi.

5. Io leggo un giornale inglese.
   Voi .... un giornale tedesco.

6. Giorgio e Anna abitano in centro.
   Anche Stefano .... in centro.

7. Gianni ripete la lezione.
   Io .... la lezione.

8. Sergio preferisce restare a casa.
   Voi .... uscire?

9. Tu ascolti una canzone napoletana.
   Loro .... una canzone francese.

10. Tu non parli ancora bene l'italiano.
    Voi non .... ancora bene l'italiano.

7 *Completate come il precedente*

1. Tu non conosci molti cantanti italiani.
   Voi non .... molti cantanti italiani.

2. Tu parti domani.
   Lui, invece, ... oggi.

3. Voi mangiate molta carne.
   Anche tu .... molta carne.

4. Io comincio a capire gli italiani.
   Voi .... a capire gli italiani.

5. Io scendo sempre a piedi.
   Voi, invece, ... sempre con l'ascensore.

6. Brigitte cerca un miniappartamento.

Brigitte e Karl .... un miniappartamento.

7. Loro prendono l'Intercity per Milano.

Lei .... l'aereo.

8. Alberto beve solo la birra.

Loro .... il vino.

9. Io penso di partire questa sera.

Loro .... di partire domani.

10. Piero e Lucia ascoltano musica classica.

Io .... musica rap.

8 *Trasformate secondo il modello*

> La strada di campagna.
> ...una... strada di campagna.

1. L'amico italiano .... amico italiano
2. Il mare azzurro .... mare azzurro
3. La ragazza americana .... ragazza americana
4. Il libro di storia .... libro di storia
5. Lo zaino blu .... zaino blu
6. L'amica tedesca .... amica tedesca
7. L'orologio nuovo .... orologio nuovo
8. Il vaso antico .... vaso antico
9. Il film vecchio .... film vecchio
10. La finestra aperta .... finestra aperta

Completate come sopra; non è importante conoscere ogni parola

1. L'oggetto misterioso .... oggetto misterioso
2. L'amica romana .... amica romana
3. Lo zio napoletano .... zio napoletano
4. Il problema nuovo .... problema nuovo
5. La casa comoda .... casa comoda
6. Il gatto nero .... gatto nero
7. Il piatto rotto .... piatto rotto
8. La trasmissione noiosa .... trasmissione noiosa
9. Il ragazzo sincero .... ragazzo sincero
10. La persona strana .... persona strana

10 *Trasformate secondo il modello*

Prato verde	Gonna verde
Il prato è verde.	La gonna è verde.
I prati sono verdi.	Le gonne sono verdi.
Il prato e la gonna sono verdi.	I prati e le gonne sono verdi.

1. *Libro interessante*

....

....

....

Proposta interessante

....

....

....

2. *Mario intelligente*

....

Mario e Franco ....

Mario e Carla ....

Carla intelligente

....

Carla e Anna ....

Anna e Franco ....

3. *Caffè dolce*

....

....

....

Crema dolce

....

....

....

4. *Giardino grande*

....

....

....

Casa grande

....

....

....

11 *Fate le domande*

1. D: ....?
   R: Vivo in Italia, a Genova.

2. D: ....?
   R: No, sono canadese; sono di Toronto.

3. D: ....?
   R: Ho 22 anni e sono in Italia per imparare la lingua.

4. D: ....?
   R: Abito a Napoli, in via Ghiaia.

5. D: ....?
   R: Mi chiamo Francesca.

6. D: ....?

   R: Scendo alla prossima fermata.

7. D: ....?

   R: Non conosco bene la tua città.

8. D: ....?

   R: No, non sono spagnola, ma portoghese.

12 *Completate con le parole o le espressioni date*

1. Da .... sono a Roma i vostri amici?

2. Ragazzi, ... ancora vicino allo stadio?

3. Sì, sono ....; sono di Parigi.

4. Sono in Italia ....

5. Signori, ...?

6. Non ....; sono siciliano, di Palermo.

> *abitate*
> *francese*
> *quanto tempo*
> *di dove siete*
> *da una settimana*
> *sono straniero*

13 *Trasformate i mini dialoghi nella forma di cortesia*

- Buongiorno!
- Come stai, Sergio?
- Bene, grazie, e tu?
- Abbastanza bene, grazie.
- Arrivederci.
- Arrivederci.

- Buongiorno!
- Come ...., Signor Antonio?
- Bene, grazie, e ....?
- Abbastanza bene, grazie.
- Arriveder ....
- Arriveder ....

- Buona sera, Anna, come stai, bene?
- Oggi non sto tanto bene.
- Che cosa hai?
- Ho mal di testa.
- Mi dispiace, tu lavori troppo!
- Sì, ma cosa posso fare?
- Purtroppo nulla!
- Ciao!
- Ciao!

- Buona sera, signora, come ....?
- Oggi non sto tanto bene.
- Che cosa ....?
- Ho mal di testa.
- Mi dispiace, forse .... troppo!
- Sì, ma cosa posso fare?
- Purtroppo nulla!
- Arriveder ....
- Arriveder ....

- Salve, Sandra, come stai?
- Benissimo, grazie, e tu?
- Anch'io sto bene!
- Non hai più mal di testa?
- No, per fortuna!
- Sono contento. Ciao!
- Ciao!

- Egregio avvocato, come ....?
- Bene, grazie, e ....?
- Anch'io sto bene!
- Non .... più mal di testa?
- No, per fortuna!
- Sono davvero contento. Arriveder ....
- Arriveder ....

14 _Segnate con una X l'aggettivo giusto_

1. In generale gli irlandesi hanno i capelli
   - ❑ a. rossi
   - ❑ b. castani

2. Gli italiani del Sud hanno la pelle
   - ❑ a. chiara
   - ❑ b. scura

3. I giocatori di basket sono
   - ❑ a. alti
   - ❑ b. bassi

4. Gli svedesi hanno i capelli
   - ❑ a. biondi
   - ❑ b. neri

5. Una persona che pesa 100 chili è
   - ❑ a. grassa
   - ❑ b. magra

6. Generalmente le bionde hanno gli occhi
   - ❑ a. verdi
   - ❑ b. neri

7. Di solito gli uomini hanno i capelli
   - ❑ a. lunghi
   - ❑ b. corti

8. I negri hanno i capelli
   - ❑ a. lisci
   - ❑ b. ricci

15 _Segnate con una X la parola giusta_

1. Anna Rita non ride quasi mai.
   Anna Rita è
   - ❑ a. allegra
   - ❑ b. triste

2. Adriano Celentano non è bello, ma piace.
   Adriano Celentano è

   ❏ a. simpatico
   ❏ b. antipatico

3. Laura pesa 52 chili.
   Laura è

   ❏ a. grassa
   ❏ b. magra

4. Lucia ha 23 anni.
   Lucia è

   ❏ a. giovane
   ❏ b. vecchia

5. Marco parla facilmente dei suoi problemi.
   Marco è

   ❏ a. aperto
   ❏ b. chiuso

6. Valeria Mazza è una famosa modella.
   Valeria è

   ❏ a. bella
   ❏ b. brutta

Valeria Mazza

TEST FINALE

A *Segnate con una X la frase giusta*

1. ❏ a. Noi lavoriamo molto!
   ❏ b. Noi lavoramo molto!
   ❏ c. Noi lavorano molto!

2. ❏ a. Signora, come ti chiami?
   ❏ b. Signora, come si chiami?
   ❏ c. Signora, come si chiama?

3. ❏ a. Da quanto tempo è in Italia, signorina?
   ❏ b. Quando tempo è in Italia, signorina?
   ❏ c. Quando tempo sei in Italia, signorina?

4. ❏ a. Da dove sei?
   ❏ b. Di dove sei?
   ❏ c. A dove sei?

5. ❏ a. Questo libro sono interessante.
   ❏ b. Questo libro è interessante.
   ❏ c. Questo libro ha interessante.

6. ❏ a. Anna è italiana, da Roma.
   ❏ b. Anna è italiana, di Roma.
   ❏ c. Anna è da Italia, di Roma.

7. ❏ a. Sandra, dove abita Rosa?
   ❏ b. Sandra, di dove abita Rosa?
   ❏ c. Sandra, che abita Rosa?

8. ❏ a. Noi partiamo subito.
   ❏ b. Noi partite subito.
   ❏ c. Noi partono subito.

9. ❏ a. Io non capischo quando parli.
   ❏ b. Io non capisco quando parli.
   ❏ c. Io non capo quando parli.

10. ❏ a. Noi finiamo di studiare presto.
    ❏ b. Noi finisciamo di studiare presto.
    ❏ c. Noi finischiamo di studiare presto.

B *Date il plurale delle parole*

1. la tesi difficile   ....   5. l'aereo moderno   ....
2. l'attrice nota   ....   6. lo stipendio alto   ....
3. il piede rotto   ....   7. l'occhio verde   ....
4. l'idea originale   ....   8. l'auto grande   ....

C *Completate il cruciverba con le parti del corpo*

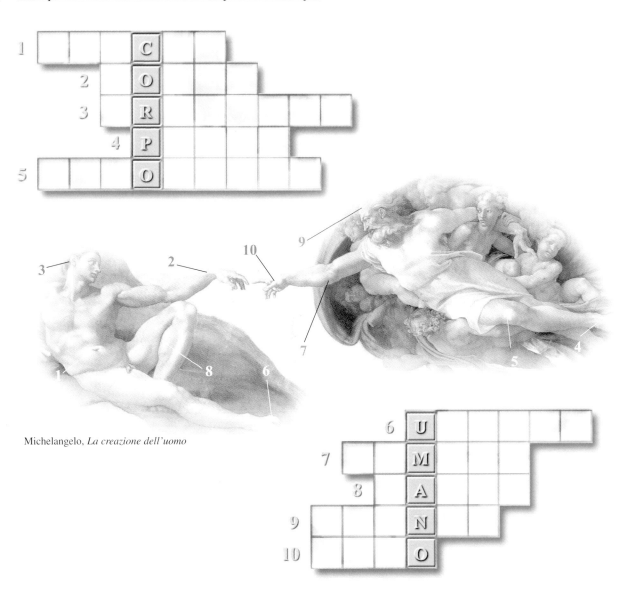

Michelangelo, *La creazione dell'uomo*

Risposte giuste: /28

1   *Completate con i verbi dati*

1. *andare*	Io .... spesso a mangiare fuori.
2. *andare*	Antonio e Sergio .... in Francia.
3. *andare*	Tu e Mariella .... a teatro domani?
4. *venire*	Voi .... da soli o insieme a Marta?
5. *venire*	Domani Daniele e Bruno .... a cena a casa mia.
6. *venire*	.... anche tu in macchina?

2   *Rispondete o formulate le domande*

1. Ragazzi, dove andate con questo caldo?   .... a fare un bagno.
2. .... anche tu in discoteca?   No, io non vengo; sono stanco.
3. Sapete se vengono a piedi o in macchina?   Io so che .... in macchina.
4. Quando vai in Italia?   .... in Italia il mese prossimo.
5. .... al cinema o restate a casa?   Andiamo al cinema.
6. Quando viene Sara?   Se non sbaglio, ... domani.

3   *Completate secondo il modello*

> Io conosco tre lingue straniere.
> Noi *conosciamo* solo l'italiano.

1. Faccio spesso errori.   Noi non .... nessun errore.
2. Vado a Roma domani.   Voi .... a Roma fra una settimana.
3. Giorgio viene con Elena.   Io .... con Marisa.
4. Spengo la tv e vengo a letto.   Amore, ... la tv e poi .... a letto?
5. Vado a mangiare una pizza.   Noi .... in discoteca.
6. Usciamo senza far rumore.   Io .... senza far rumore.
7. Cerco di imparare l'italiano.   Noi .... di conoscere qualche italiana!
8. Non so come si chiama.   Voi .... come si chiama?
9. Dico sempre la verità.   Lui non .... mai la verità.
10. Andiamo a bere qualcosa.   Io .... a bere qualcosa.

4   *Completate le frasi con i verbi dati*

1. *uscire*	Voi .... adesso o più tardi?
2. *andare*	Antonio .... a pranzo da Eva.
3. *dare*	Maria, ... per favore questo libro a Cinzia?
4. *pagare*	Io e tuo padre .... molto per i tuoi studi!
5. *rimanere*	Giacomo e Valeria .... ancora qualche giorno in città.

6. *bere*	Io .... una birra; tu cosa ....?
7. *spegnere*	Ragazzi, prima di andare a letto, ... la luce.
8. *giocare*	Stasera noi .... a carte.
9. *stare*	Noi .... ancora un po'.
10. *fare*	Che cosa .... quando uscite, ragazzi?

5 *Come il precedente*

1. *uscire*	Oggi Carlo non .... perché domani parte.
2. *stare*	Noi .... veramente bene in questa città.
3. *fare*	Per tornare a casa, Mario e Lidia .... sempre la stessa strada.
4. *dire*	Molte persone non .... spesso la verità.
5. *bere*	Giorgio, ... un altro bicchiere di vino?
6. *pagare*	Pagate sempre voi; questa volta .... noi.
7. *dare*	Saverio, ... tu il latte al bambino?
8. *cercare*	Sei sicuro che .... nel posto giusto?
9. *venire*	Ma .... o non .... i tuoi amici?
10. *andare*	Chi .... a prendere le sigarette?

6 *Segnate con una X le frasi corrette*

1. ☐ a. Facciamo ancora tanti errori.
   ☐ b. Faciamo ancora tanti errori.
   ☐ c. Famo ancora tanti errori.

2. ☐ a. State bene?
   ☐ b. Stete bene?
   ☐ c. Stiate bene?

3. ☐ a. Esce solo con il fidanzato.
   ☐ b. Usce solo con il fidanzato.
   ☐ c. Esche solo con il fidanzato.

4. ☐ a. Questa sera vado a teatro.
   ☐ b. Questa sera ando a teatro.
   ☐ c. Questa sera vando a teatro.

5. ☐ a. I tre tenori danno un concerto.
   ☐ b. I tre tenori dano un concerto.
   ☐ c. I tre tenori dianno un concerto.

6. ☐ a. Tu non bevo vino.
   ☐ b. Tu non bevi vino.
   ☐ c. Tu non bei vino.

7. ☐ a. Non sapiamo dove abita Giulio.
   ☐ b. Non sapamo dove abita Giulio.
   ☐ c. Non sappiamo dove abita Giulio.

8. ☐ a. Non vieno da solo.
   ☐ b. Non veno da solo.
   ☐ c. Non vengo da solo.

7 *Completate le frasi secondo il modello*

Non posso restare; devo partire.
Non possiamo restare; dobbiamo partire.

1. Dovete far presto perché il treno parte.

   Noi .... perché il treno parte.

2. Alba e Chiara non possono restare di più.

   Sergio non .... di più.

3. Io voglio visitare Firenze.

   Noi .... Firenze.

4. Gianna deve fare attenzione quando guida.

   Gli autisti .... quando guidano.

5. Lui non può pronunciare bene la zeta.

   Voi non .... bene la zeta.

6. Tu devi andare al supermercato.

   Noi .... al supermercato.

7. Voi volete cambiare auto.

   Noi .... auto.

8. Non posso far tutto da solo.

   Voi non .... tutto da soli.

8 *Completate con la risposta o con la domanda*

1. Vuoi bere qualcosa?	Grazie, non .... niente.
2. Allora, ... partire?	Sì, purtroppo dobbiamo partire.
3. Potete aspettare ancora un po'?	Sì, ... ancora un'ora.
4. .... i tuoi amici?	Non voglio invitare i miei amici perché studiano.
5. Devi leggere tutto il libro?	Sì, ... tutto il libro.
6. .... prima delle sette?	No, possiamo passare dopo le otto.

9 *Completate il dialogo*

Anna: Ciao, ragazze, (*potere*) .... passare da me questa sera?

Laura: Sì, (*io potere*) ....; non so se lei (*potere*) ....

Lidia: Io (*volere*) .... venire, ma (*dovere*) .... prima telefonare
a Piero.

Laura: Vai subito a telefonare perché a quest'ora Piero (*dovere*) .... essere a casa.

Lidia: Se è libero, (*io potere*) .... portare anche lui?

Anna: Ma certo, mia madre è da tanto che (*volere*) .... conoscere Piero.

Laura: Non (*tu potere*) .... immaginare quanto sono felice!

Anna: Allora, ci vediamo stasera?

Laura: Certo; ciao, e tanti saluti a tua madre!!

10 _Completate secondo il modello_   312 = trecentododici

1. **259** = ...

2. **1.492** = ...

3. **873** = ...

4. **14°** = ...

5. **1.978** = ...

6. **334** = ...

7. **8°** = ...

8. **1.555** = ...

9. **871** = ...

10. **10°** = ...

11 _Completate le frasi con le preposizioni_

1. Questa sera andiamo .... trovare Rita.
2. Appena finisco questo lavoro, vado .... vacanza.
3. Devo andare .... meccanico.
4. Luigi va ogni giorno .... biblioteca.
5. Andiamo .... vedere la partita .... Carlo.
6. Andate .... Firenze o restate ancora un po' .... Roma?
7. Questo fine settimana non vado .... montagna, ma .... mare.
8. Quest'anno non vado .... Sardegna, ma .... Sicilia.
9. Io e la mia famiglia andiamo .... 15 giorni .... Las Vegas.
10. Sono indeciso se andare .... Svizzera o .... Belgio.

12 _Come il precedente_

1. Vengo spesso .... Italia .... vacanza.
2. Aldo viene ogni fine settimana .... Napoli.

3. Stasera veniamo tutti .... casa tua.

4. Ezio e Angela arrivano oggi .... Venezia .... aereo.

5. Penso .... venire .... autobus.

6. Per il convegno viene un esperto .... Londra.

7. Non possiamo venire .... Genny perché è troppo tardi.

8. Non vengo solo, vengo .... Giorgio e Valerio.

9. Vengo .... treno perché costa meno.

10. Veniamo .... Siena a Rimini .... discoteche.

13 *Come il precedente*

1. Sono .... Torino e parto .... Genova .... due giorni.

2. Per andare .... Italia passiamo .... Svizzera.

3. Il treno .... Firenze parte .... cinque minuti.

4. Partite .... treno o .... macchina?

5. Non posso partire .... Mosca perché non ho il passaporto.

6. Se vogliamo arrivare prima, dobbiamo partire .... aereo.

7. Appena finisco questo lavoro, partiamo .... Olanda.

8. Vengo .... cinema con voi.

14 *Completate con le preposizioni*

1. Noi andiamo .... comprare un profumo.

2. Partono questa sera .... Milano e arrivano domani.

3. Vado un attimo .... bagno.

4. Andiamo .... studiare .... Gino.

5. Vado .... ufficio e torno subito.

6. Preferisco andare .... macchina.

7. Veniamo .... super market anche noi.

8. Oggi sono senza macchina e vado .... lavoro .... piedi.

15 *Completate le frasi con l'espressione giusta*

1. Dove andate .... quest'anno?

2. Alla fine pensi di viaggiare ....?

3. Nessun problema: faccio tutto ....

4. È vero che partite .... Maldive?

5. Prendi l'autobus o vieni ....?

6. È da molto tempo che non andiamo ....

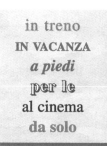

in treno

IN VACANZA

a piedi

per le

al cinema

da solo

16 _Completate il seguente monologo con i giorni della settimana_

Oggi, ..., primo giorno della settimana tutto sembra brutto; invece ieri, ...
...., allo stadio con Sergio e il giorno prima, ..., con Rosa in
discoteca, tutta un'altra musica. Vediamo adesso come passare bene questa settimana. Oggi nien-
te, studio e riposo. Domani, ..., la stessa cosa, perché il giorno dopo, ...
...., è il compleanno di Anna. Restano due giorni: cosa possiamo fare? ....
.... porto Rosa a pranzo e il giorno dopo, ..., vado in giro per i
negozi.

17 _Che ore sono? Completate secondo l'esempio_

> 13.40: _Sono le tredici e quaranta / Sono le due meno venti_

11.35 : ....

16.20 : ....

01.00 : ....

20.15 : ....

24.00 : ....

12.30 : ....

02.45 : ....

13.50 : ....

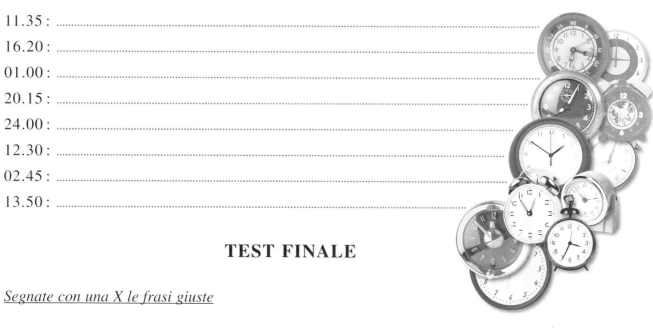

TEST FINALE

A _Segnate con una X le frasi giuste_

1. ☐ a. Oggi non vao a scuola perché fa freddo.
    ☐ b. Oggi non vado a scuola perché fa freddo.
    ☐ c. Oggi non vando a scuola perché fa freddo.

2. ☐ a. Non poso venire al cinema; ho da fare.
    ☐ b. Non posso venire al cinema; ho da fare.
    ☐ c. Non poto venire al cinema; ho da fare.

3. ☐ a. Puoi venire a casa quando vuoi.
    ☐ b. Poi venire a casa quando vuoi.
    ☐ c. Puoi venire a casa quando vogli.

4. ☐ a. Secondo me, loro non sapono nulla.
   ☐ b. Secondo me, loro non sapiono nulla.
   ☐ c. Secondo me, loro non sanno nulla.

5. ☐ a. Di solito non beo il caffè al bar.
   ☐ b. Di solito non bevo il caffè al bar.
   ☐ c. Di solito non bevvo il caffè al bar.

6. ☐ a. Voglio passare qualche giorno in un'isola deserta.
   ☐ b. Volo passare qualche giorno in un'isola deserta.
   ☐ c. Volio passare qualche giorno in un'isola deserta.

7. ☐ a. Oggi rimano a casa e guardo la tv.
   ☐ b. Oggi rimango a casa e guardo la tv.
   ☐ c. Oggi rimago a casa e guardo la tv.

8. ☐ a. Domani sera diamo una festa.
   ☐ b. Domani sera damo una festa.
   ☐ c. Domani sera dammo una festa.

9. ☐ a. Se non prendo la macchina, faccio tardi!
   ☐ b. Se non prendo la macchina, facio tardi!
   ☐ c. Se non prendo la macchina, fao tardi!

10. ☐ a. Io dico sempre quello che penso.
    ☐ b. Io dio sempre quello che penso.
    ☐ c. Io dicco sempre quello che penso.

11. ☐ a. Noi stamo bene in questa casa.
    ☐ b. Noi stiamo bene in questa casa.
    ☐ c. Noi stammo bene in questa casa.

12. ☐ a. È le tre e venti.
    ☐ b. Sono le tre e venti.
    ☐ c. Sono tre e venti.

B *Completate il cruciverba*

ORIZZONTALI

1. Il dialogo tra un personaggio famoso e un giornalista.
3. Quando ci sono troppe macchine per strada.
4. Parlare con qualcuno.

6. Un palazzo alto ne ha molti.
8. Dire di sì ad un invito.
11. Il padre e la madre.

VERTICALI

2. Una forma d'arte.
5. È necessario per entrare in una festa.
7. È necessario per entrare al cinema.
9. Lo sport più popolare in Italia e non solo.
10. Se c'è, non possiamo dormire.
12. Ha trenta giorni o uno in più.

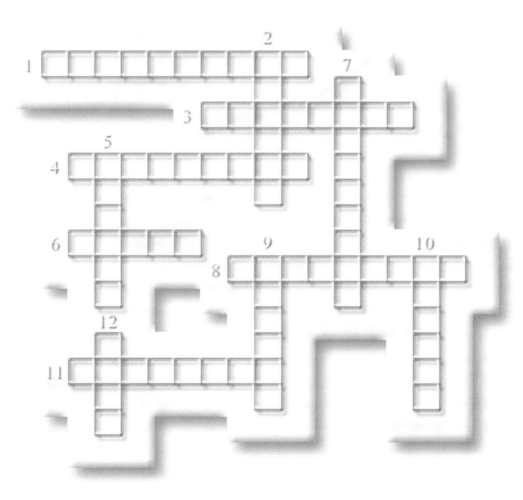

Risposte giuste: /24

1° test di ricapitolazione (unità 0, 1 e 2)

A *Completate con l'articolo determinativo*

1. .... finestra   4. .... libri   7. .... bicchiere   10. .... amico
2. .... città   5. .... palazzi   8. .... orologio   11. .... lezione
3. .... studenti   6. .... albergo   9. .... giornale   12. .... camicia

                                                                                /12

B *Mettete al plurale le parole*

1. la casa grande ....   5. la macchina nuova ....
2. il problema grave ....   6. il libro francese ....
3. il mare azzurro ....   7. la gonna verde ....
4. l'unità facile ....   8. il film interessante ....

                                                                                /8

C *Inserite i verbi dati negli spazi*

finisce - comprano - aprono - chiudono - leggono - finisco - faccio - arriva
arriviamo - parliamo - abitano - abita - facciamo - vanno - ha - mangi

1. Noi .... in italiano, ma .... ancora tanti errori.
2. Giorgio .... di lavorare alle sei di sera.
3. Stefania e Luca .... spesso in discoteca.
4. Gianni .... una grande passione per il basket.
5. I miei amici italiani tutte le mattine .... il giornale e .... le notizie sportive.
6. Pietro e Alessandro .... a Roma; Francesca .... a Firenze.
7. Quando io .... di mangiare, ... sempre una passeggiata.
8. Carmen .... sempre in ritardo; noi, invece, ... in orario.
9. I negozi non-stop .... alle nove e .... alle cinque.
10. Tu .... troppa carne.

                                                                                /10

D *Completate con l'articolo indeterminativo*

1. .... mobile   4. .... ristorante   7. .... studente   10. .... ragazzi
2. .... orologio   5. .... tassista   8. .... gonna   11. .... studentessa
3. .... famiglia   6. .... gelato   9. .... madre   12. .... appartamenti

                                                                                /12

E *Completate dando la nazionalità della persona*

1. Martina è di Roma.   Martina è ....

2. Ingrid è di Berlino.   Ingrid è ....

3. Demetrio è di Atene.   Demetrio è ....

4. Felipe è di Lisbona.   Felipe è ....

5. Cristian è di Parigi.   Cristian è ....

6. John è di Boston.   John è ....

7. Juan è di Barcellona.   Juan è ....

8. Andrew è di Londra.   Andrew è ....

_____/8

F *Leggete il testo e scegliete l'affermazione giusta*

Sono le otto e Carlo fa colazione. Saluta sua madre e va all'Università. Alle nove è in aula per seguire una lezione di anatomia. Alle 12 una lezione di chimica. All'una e trenta va alla mensa con i suoi colleghi; a quell'ora è quasi piena, cercano un posto tranquillo; finiscono di mangiare alle due e mezzo. Vanno al bar Roxi e prendono un caffè. Sono già le quattro; alle quattro inizia la lezione di fisica: saluta in fretta i suoi amici e va a lezione. Alle sei la lezione finisce. Finalmente Carlo è libero di tornare a casa! Prende l'autobus e alle sette è a casa; cena con sua madre, alle otto vede un po' di televisione e alle dieci e mezza va a letto.

1. Alle nove Carlo:
   - ❏ a. è all'università
   - ❏ b. è ancora a casa sua
   - ❏ c. prende un caffè al bar

2. A mezzogiorno Carlo:
   - ❏ a. è nell'aula di anatomia
   - ❏ b. fa un intervallo
   - ❏ c. segue una lezione di chimica

3. All'una e mezzo Carlo:
   - ❏ a. mangia con i suoi amici
   - ❏ b. finisce di mangiare
   - ❏ c. beve un caffè al bar

4. Alle sei Carlo:
   - ❏ a. è libero
   - ❏ b. ha ancora una lezione da seguire
   - ❏ c. resta nell'aula di fisica

5. Alle sette Carlo:
   - ❏ a. torna a casa
   - ❏ b. va con gli amici
   - ❏ c. va in mensa

6. Alle otto Carlo:
   - ❏ a. va a letto
   - ❏ b. guarda la televisione
   - ❏ c. esce con gli amici

_____/6

G *Completate con il presente indicativo*

1. Noi non (*sapere*) .... se Luisa (*arrivare*) .... domani.
2. Io non (*potere*) .... restare ancora, (*dovere*) .... tornare a casa.
3. Io (*andare*) .... al cinema; tu (*volere*) .... venire?
4. Io non (*sapere*) .... usare bene il PC.
5. Noi (*dovere*) .... partire domani molto presto.
6. Alla fine della festa (*rimanere*) .... solo gli amici più intimi.
7. Lui non (*bere*) .... vino, ma birra.
8. Dino (*dire*) .... sempre le stesse cose!
9. Io (*spedire*) .... una cartolina ad un vecchio amico.
10. Signora, (*volere*) .... venire a Capri questo fine settimana?

/10

Risposte giuste: /66

1 *Completate secondo il modello*

> Vado in ufficio.   Vado ...*nell'*... ufficio accanto.

1. Torno da Roma.
   Torno .... città eterna.
2. Vado da Marcello.
   Vado .... dentista.
3. Sono in macchina.
   Sono .... macchina di Paolo.
4. La casa di Stella.
   La casa .... genitori di Stella.
5. Abita in Italia.
   Abita .... Italia centrale.

6. Vado in America.
   Vado .... Stati Uniti.
7. Vivo con Antonio.
   Vivo .... miei genitori.
8. Il libro di italiano.
   Il libro .... esercizi.
9. Parte per Milano.
   Parte .... Canarie.
10. Prendo un gelato anche per te.
    Prendo un gelato anche .... bambino.

2 *Completate le frasi usando le preposizioni articolate*

1. Chi è tuo fratello?
   Mio fratello è il presidente .... fabbrica dove lavoro.
2. Dove passiamo la serata?
   Passiamo la serata .... signori Baraldi.
3. Cosa fa Teresa?
   Teresa va .... cinema.
4. Quanti anni ha Luigi?
   Luigi ha 34 anni e vive ancora .... suoi genitori.
5. È tutto pronto?
   Sì, è tutto pronto .... partenza.
6. Gli amici di Cristina sono tutti italiani?
   No, ... amici di Cristina c'è anche un giapponese.
7. Perché ammiri tanto Giovanna?
   Ammiro Giovanna .... sua intelligenza.
8. Dove vai?
   Vado .... supermercato.

3 *Completate con le preposizioni semplici e articolate*

1. Quanti mesi pensate di restare .... nostra città?
2. Prendo spesso un'aspirina .... mal di testa.
3. Vado .... comprare i francobolli e torno.
4. Se cerchi le chiavi di casa, sono .... mia borsetta.

5. Vado .... fare un giro .... macchina di mio padre.
6. La posta non è molto lontano .... fermata .... autobus.
7. Giorgia arriva .... aereo .... otto.
8. Il professore è un gentile signore .... 45 anni.
9. Siamo tutti .... bar .... guardare la partita.
10. Sono sempre più grandi le differenze .... Paesi poveri e ricchi.

4 *Inserite negli spazi le preposizioni adatte*

1. Finiamo .... studiare e andiamo .... mangiare una pizza.
2. Fumare, molto o poco, fa sempre male .... salute.
3. Luigi ha .... spalla un piccolo tatuaggio.
4. Non sempre i giovani preferiscono il divertimento .... studio.
5. Vedo che .... nostro ultimo incontro vai molto bene .... l'italiano!
6. Andiamo .... aeroporto: arriva Gianni .... Stati Uniti.
7. Devo finire questo lavoro .... prossima settimana.
8. La mia casa è .... due passi .... Università.

5 *Ricostruite le frasi*

1. compleanno / tutti / il / tuo / per / veniamo.
....
2. vestiti / due / mettere / tra / non / so / i / quale.
....
3. bel / capelli / neri / ragazzo / è / un / coi / Gino.
....
4. esco / appena / ufficio / vengo / dall' / a / casa.
....
5. in / teatro / piedi / a / o / macchina / a / andiamo?
....
6. i / primavera / giardini / natura / in / sono / uno / spettacolo / della.
....

6 *Volgete al plurale le frasi*

1. Ho un amico australiano.   ....
2. Compriamo un regalo a Gianni.   .... ai ragazzi.
3. Porta un vestito fuori moda.   ....

4. Esce spesso con una ragazza italiana. ....

5. Viene a cena un ospite importante. ....

6. Gianni è un bravo ragazzo.   Gianni e Paolo ....

7   *Completate le frasi con le preposizioni semplici e articolate*

1. Una tazza .... caffè.

2. Aspetto Maria .... casa.

3. Vado .... Russia.

4. Un mese .... vacanze.

5. Discutiamo .... politica.

6. La penna .... Claudio.

7. Uno .... voi deve uscire.

8. Questa sera andiamo .... teatro.

9. Ho bisogno .... un orologio nuovo.

10. Parlo .... voce alta.

La tazzina .... caffè.

Aspetto Maria .... bar.

Vado .... Russia centrale.

Agosto è il mese .... vacanze.

Discutiamo .... politica italiana.

La penna .... figlia di Claudio.

Una .... ragazze deve uscire.

Questa sera andiamo .... *Ariston*.

Ho bisogno .... tuo orologio.

Parlo .... telefono.

8   *Come il precedente*

1. Do una mano .... Giulio.

2. Venite .... Donatella?

3. Più tardi passate .... Luigi.

4. Biagio torna domani .... Bari.

5. Chi .... voi ha una penna rossa?

6. Quel ragazzo è il figlio .... Luigi.

7. Siamo qui .... pochi giorni.

8. .... questi occhiali non vedo bene.

9. I libri sono .... quel tavolo.

10. È l'unico .... tutti che ha capito.

Diamo una mano .... nostri vicini.

Venite anche voi .... signori Baldi?

Più tardi passate .... casa di Luigi.

Biagio torna domani .... paese.

Chi .... ragazzi ha una penna rossa?

Quel ragazzo è il figlio .... signora Elsa.

Siamo qui .... anno scorso.

.... occhiali da sole vedo bene.

I libri sono .... tavolo.

È l'unico .... studenti che ha capito.

9   *Rispondete alle domande dando due risposte*

1. Dove lavori?

   ☐ a. Lavoro .... banca.

   ☐ b. Lavoro .... Banca Nazionale.

2. Dove vai?

   ☐ a. Vado .... ufficio.

   ☐ b. Vado .... ufficio accanto.

3. Dove passi le vacanze?

   ☐ a. Passo le vacanze .... Francia.

   ☐ b. Passo le vacanze .... Francia del Nord.

4. Come vai a Torino?

    ❏ a. Vado a Torino .... macchina.
    ❏ b. Vado a Torino .... macchina di Enrico.

5. Come arriva tuo cugino?

    ❏ a. Arriva oggi .... aereo.
    ❏ b. Arriva oggi .... aereo della sua ditta.

10 *Completate i seguenti mini dialoghi*

1. A: Dove vai?
    B: Vado .... tabaccaio.
    A: .... prendere le sigarette?
    B: Ma quali sigarette, sai che non fumo; vado a comprare .... carte .... gioco.
    A: Giocate .... casa tua stasera?
    B: No, andiamo a giocare .... casa .... campagna .... Osvaldo.

2. A: Parti .... Francia, vero?
    B: Sì, ma non adesso. Parto .... un mese, ... aprile.
    A: E cosa vai .... fare?
    B: Ho .... amici e vado .... perfezionare la lingua.
    A: Questi amici abitano .... Parigi?
    B: Non abitano .... Parigi, ma .... un paese .... Sud.

11 *Rispondete alle domande*

1. In questo albergo non servono la prima colazione?
    Certo, ma solo .... 8 .... 10,30.
2. Quando pensate di tornare per pranzo?
    Pensiamo di tornare .... 14,30.
3. Sai che ore sono?
    Sì, sono .... 9.
4. Quando posso vedere il direttore?
    Tutti i mercoledì, ... 10 .... 12.
5. Sei molto stanco?
    Sì, infatti, negli ultimi tempi riesco a dormire solo .... 12 .... 6 del mattino.
6. Quando parte il prossimo treno per Venezia?
    Parte .... 18.
7. Quando pensi di andare via?
    Penso di andare via verso .... 9,30.
8. Restate ancora per molto?
    No, restiamo fino .... 11.

9. Scusi, che ora è?

   .... mezzogiorno.

10. Fino a che ora rimani?

   Rimango fino .... 1.

12 *Completate le frasi con l'ora esatta*

1. Sono alla stazione. Sono le tre e il treno parte fra 35 minuti.

   Il treno parte ....

2. Sono le sei. Carlo deve incontrare Anna fra un'ora.

   Carlo incontra Anna ....

3. Sono le cinque. Aspetto Maria da un'ora.

   Aspetto Maria ....

4. Mariella guarda l'orologio. È l'una; fra 45 minuti finisce di lavorare.

   Mariella finisce di lavorare ....

5. Sono le undici. Devo vedere il direttore fra 30 minuti.

   Devo vedere il direttore ....

6. Sono le tre. Il treno parte fra un'ora e mezzo.

   Il treno parte ....

7. Sono le otto. Ho una lezione all'Università fra un'ora.

   Ho una lezione all'Università ....

8. Sono le undici. Devo essere a pranzo fra due ore.

   Devo essere a pranzo ....

13 *Completate le frasi con le parole date*

1. Io abito al quarto piano; Luigi al quinto: Luigi abita al piano di ....
2. Teresa prima di uscire passa molto tempo .... allo specchio.
3. Molte persone non rispondono direttamente, ma girano .... alla domanda.
4. Non conosco la famiglia che abita nell'appartamento .... al mio.
5. Nei paesi del Nord la temperatura scende spesso .... lo zero.
6. Il gatto dorme sempre .... la porta del bagno.
7. I documenti sono tutti .... una busta rossa.
8. In Inghilterra le macchine non hanno il volante a ...., ma a ....

dentro
sopra
sotto
destra
accanto
dietro
sinistra
intorno
davanti

14 *Ricostruite le frasi*

1. Lascio / nel / dietro / la / parcheggio / macchina / il / cinema.

   ....

2. Dovete / per / alla / girare / birreria / arrivare / a / destra.

   ....

3. La / Annalisa / di / villa / è / a / quella / di / accanto / Marcello.

   ....

4. Il / mio / mangia / un / fidanzato / ogni / giorno / sotto / in / ristorante / casa / sua.

   ....

5. Abbiamo / io / un / Marisa / e / dentro / appuntamento / la / *Standa*.

   ....

6. Giovanni / non / davanti / fuma / ai / mai / suoi / genitori.

   ....

7. Perché / degli / non / piantiamo / intorno / alberi / alla / casa?

   ....

8. Negozi / sono / l' / altro / uno / accanto / due / i / all'.

   ....

15 *Segnate con una X la frase giusta*

1. ☐ a. Il bar Bristol è sotto della casa mia.
   ☐ b. Il bar Bristol è sotto casa mia.
   ☐ c. Il bar Bristol è sotto alla mia casa.

2. ☐ a. La patente è dentro il mio portafoglio.
   ☐ b. La patente è dentro del mio portafoglio.
   ☐ c. La patente è dentro dal mio portafoglio.

3. ☐ a. Capri è davanti al Golfo di Sorrento.
   ☐ b. Capri è davanti del Golfo di Sorrento.
   ☐ c. Capri è davanti Golfo di Sorrento.

4. ☐ a. La mia casa si trova dietro dello stadio San Paolo.
   ☐ b. La mia casa si trova dietro lo stadio San Paolo.
   ☐ c. La mia casa si trova dietro dallo stadio San Paolo.

5. ☐ a. Non conosco i vicini dell'appartamento accanto.
   ☐ b. Non conosco i vicini dell'appartamento di accanto.
   ☐ c. Non conosco i vicini dell'appartamento all'accanto.

6. ☐ a. Faccio spesso tanti giri intorno al mio palazzo per trovare un parcheggio.
   ☐ b. Faccio spesso tanti giri intorno del mio palazzo per trovare un parcheggio.
   ☐ c. Faccio spesso tanti giri intorno dal mio palazzo per trovare un parcheggio.

16 *Completate la domanda o la risposta*

1. Cosa .... di tanto interessante in quello che fai?
   Niente, ma a me piace.
2. Si mangia bene in quel ristorante?
   Sì, quando .... poca gente.
3. Vieni anche tu al concerto di Laura Pausini?
   Sì, se .... ancora biglietti.
4. Fai la doccia?
   No, perché non .... acqua calda.
5. Quanti stranieri .... nella tua classe?
   Otto o nove, se non sbaglio.
6. Sai che domani .... sciopero generale?
   Bene, così andiamo al mare!
7. Vai al salone dell'auto?
   Certo: quest'anno .... veramente tante novità.

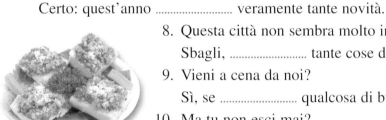

8. Questa città non sembra molto interessante!
   Sbagli, ... tante cose da vedere.
9. Vieni a cena da noi?
   Sì, se .... qualcosa di buono da mangiare.
10. Ma tu non esci mai?
    Certo che esco! Ma solo quando .... il sole.

17 *Completate le risposte utilizzando le espressioni date*

1. Alla fine vieni o resti?
   .... se restare ancora un'oretta o andare via.
2. Sai se c'è lo sciopero dei professori?
   ...., ma posso dare un'occhiata al giornale.
3. Ma sei sicuro che questa strada porta in centro?
   .... al cento per cento; speriamo bene!
4. Credi che possiamo entrare in discoteca senza biglietti?
   ...., perché all'ingresso c'è un mio conoscente.
5. Quando finisci di studiare?
   .... di finire verso le nove.
6. Ma Gianni che cosa fa?
   .... Perché non chiedi a suo fratello?

non lo so

penso

chissà

non sono sicuro

può darsi

sono indeciso

18 *Completate i seguenti mini dialoghi, ringraziando o rispondendo ad un ringraziamento*

1. **per strada**
- Signora, sa dov'è via Settembrini?
- Sì, è la terza strada a destra.
- ....
- ....

2. **a casa con un amico**
- Lucio, puoi prestare gli appunti di fisica alla mia ragazza?
- Certamente.
- ....
- ....

3. **in banca**
- Ragioniere, può compilare Lei questo modulo? Non ho con me gli occhiali.
- Ma con piacere, signor Di Stefano.
- ....
- ....

4. **al ristorante**
- Non ho molti soldi con me; paghiamo con la tua carta di credito?
- Nessun problema.
- ....
- ....

19 *Completate le frasi*

1. *ritenere*	Io .... sbagliata la vostra idea.
2. *raccogliere*	I ragazzi sono nel giardino e .... le foglie.
3. *condurre*	Noi .... una vita abbastanza normale.
4. *esporre*	Adesso entro ed .... al direttore le mie ragioni!
5. *distrarre*	Il rumore della strada .... i ragazzi quando studiano.
6. *togliere*	Gianni e sua moglie dicono di pagare, ma non .... mai il portafoglio dalla tasca.
7. *mantenere*	I signori Bartoli .... due figli all'Università.

8. *rimanere*	Ragazzi, facciamo qualcosa; .... pochi giorni per gli esami!
9. *proporre*	Io .... di partire al più presto.
10. *produrre*	Nella nostra fabbrica .... articoli da regalo.

20 Ascolto   *Ascoltate il brano e completate la tabella che segue*

monumento	città
1. La Fontana di Trevi	
2.	Pisa
3. La Galleria degli Uffizi	
4. La Trinità dei Monti	
5.	Firenze
6. San Marco	
7. Il Maschio Angioino	
8. Il Castello Sforzesco	
9.	Roma
10. Il Campanile di Giotto	

21 *Rispondete alle domande*

1. Quando incominciano a cadere le foglie? ....
2. Quando andiamo al mare a fare i bagni? ....
3. Quando mettiamo i vestiti più pesanti? ....
4. Quando incomincia a rivivere la natura? ....

22 *Dalle indicazioni date cercate di capire il mese*

1. Festeggiamo la nascita di Cristo. ....
2. Ha il nome più breve. ....
3. Le rose sono il suo fiore. ....
4. Maschere e balli per le strade. ....
5. Il mese della raccolta dell'uva. ....

6. Ha 30 giorni, ma 9 lettere. ....

7. Il quarto mese dell'anno. ....

8. Il 15 di questo mese è festa. ....

9. Chiudono le scuole in Italia. ....

10. Forse il mese più freddo dell'anno. ....

11. Il mese migliore per le vacanze estive. ....

12. Verso la fine di questo mese cominciamo a sentire aria di festa. ....

aprile agosto dicembre novembre maggio

23 *Completate secondo il modello*   Questa auto costa (*18.000*) ...*diciottomila*... euro.

1. Un euro vale circa (*1.936*) .... lire.

2. Mio padre ha una vecchia FIAT (*1.800*) ....

3. La distanza da Roma a New York è (*4.282*) .... km.

4. Ogni anno più di (*75.000*) .... spettatori seguono il derby Milan - Inter.

5. Roma ha circa (*3.000.000*) .... di abitanti.

6. Sai quanto costa quella villa? (*260.000*) .... euro!

7. Ogni giorno più di (*15.000*) .... persone visitano San Pietro.

8. Mia moglie ha dato (*2.200*) .... euro per un divano!

TEST FINALE

A *Completate con le preposizioni*

1. Anna rimane .... noi .... quattro settimane.

2. Dobbiamo fare presto .... essere .... casa prima .... cena.

3. Se non sbaglio, il film inizia .... nove e mezza.

4. .... terrazza .... Francesco si vede tutta la città.

5. Non andiamo .... Giuliana perché non siamo invitati.

6. I signori Ferilli hanno una bella villa .... montagna, ma passano le vacanze .... mare.

7. La sorella di Gianfranco va .... studiare .... Italia, ... Genova.

8. Quando posso, vado .... Università .... macchina .... un mio amico.

9. .... ragazzi .... oggi non piace tanto la musica classica.

10. Il ritorno .... vacanze è sempre un po' triste.

B *Come il precedente*

1. Molta gente preferisce il cinema .... televisione.

2. Penso .... finire .... studiare .... otto.

3. Domani .... nove ho un appuntamento .... Mariella.

4. Io vado molto d'accordo .... i miei amici.

5. Il problema più importante .... giovani è trovare un lavoro!

6. La sera .... solito resto .... casa.

7. Maurizio passa tante ore davanti .... televisione.

8. Quando vado .... Parigi salgo .... Torre Eiffel.

9. Mirella esce .... un ragazzo .... Napoli.

10. Sono .... Siviglia, ma vivo e lavoro .... Genova.

C *Completate il cruciverba*

Risposte giuste: /30

1 *Volgete al plurale le frasi*

1. Ho parlato con Giulia. ....
2. Ha scritto una lettera. ....
3. Hai visto il film alla televisione? ....
4. Giuseppe ha studiato in America. Giuseppe e Anna ....
5. Cecilia, hai mangiato tutta la torta? Ragazze, ...
6. Carla ha avuto la febbre. Carla e Rosa ....
7. Ho comprato il regalo per Tonino. ....
8. Ha capito subito la situazione? ....
9. Hai aperto la finestra? ....
10. Ho visitato tutti i musei della città. ....

2 *Volgete al passato prossimo le frasi*

1. Ho un cane molto bello. ....
2. Parliamo spesso al telefono. ....
3. Incontro Mario allo stadio. ....
4. Fuma da tre anni. .... per molti anni.
5. Ascoltiamo con attenzione. ....
6. Valerio porta un suo amico. ....
7. Non vendete la vostra macchina? ....
8. Cambiamo i mobili di casa. ....
9. Ascolto l'ultimo disco di Ligabue. ....
10. Non cercate nel posto giusto! ....

3 *Volgete al passato prossimo le frasi*

1. Parto per la Spagna. ....
2. Sono in Italia per affari. ....
3. Passiamo prima da Angela e poi da te. ....
4. I ragazzi tornano domani. .... ieri.
5. È una gita molto interessante. ....
6. Torno subito. ....
7. Le ragazze entrano in classe. ....
8. Saliamo in terrazza per vedere la cometa. ....
9. Usciamo per andare a fare la spesa. ....
10. Andate forse a vedere la partita? ....

4 _Completate secondo il modello_

Ho passato una bella serata.
Abbiamo passato una bella serata.

1. È tornata dalle vacanze. ....
2. Genny ha avuto mal di testa. Genny e Sonia ....
3. Sono stato due settimane a Firenze. ....
4. Ho finito prima e sono uscita presto. ....
5. Ha telefonato un vecchio amico. ....
6. Hai cercato, ma non hai trovato niente. ....
7. Sono arrivata in tempo per lo spettacolo. ....
8. Elio è partito per Cuba. Elio e Mara ....
9. Martina è rimasta a casa tutto il giorno. Martina e sua sorella ....
10. La ragazza è stata molto gentile con noi. Le ragazze ....

5 _Rispondete o fate la domanda_

1. È arrivata la posta?
   No, non .... ancora.
2. Avete cercato bene nel cassetto?
   Ma certo che ....
3. ....?
   Sì, hanno portato i mobili che abbiamo ordinato.
4. ....?
   Siamo rimasti a casa e non siamo usciti affatto.
5. Hai consegnato in tempo tutto il materiale?
   Sì, ... tutto il materiale.
6. Dove .... tutto questo tempo?
   Sono stata in Germania.
7. Chi avete incontrato al convegno?
   .... molti nostri ex compagni.
8. Avete lavorato fino a tardi?
   Purtroppo sì, ... fino alle dieci di sera.
9. ....?
   Mi dispiace, ma non ho ricevuto la tua lettera.
10. Quando siete tornate?
    .... due giorni fa.

6 _Volgete al passato prossimo le frasi_

1. Michele suona la chitarra.
....
Il campanello suona all'intervallo.
....

2. I signori Antonucci cambiano casa.
....
Il clima cambia molto rapidamente.
....

3. Passo molto tempo con i miei amici.
....
Passo da Nicola dopo le sei.
....

4. Finisco di lavorare alle quattro.
....
Il film finisce in modo tragico.
....

5. Inizio una bella dieta!
....
Il film inizia con un po' di ritardo.
....

6. Salgo le scale a piedi.
....
Salgo da te per bere un caffè.
....

7 *Inserite negli spazi gli avverbi dati (utilizzate una sola volta)*

1. Solo .... ho deciso di raccontare tutto.
2. Ho controllato la macchina e .... sono partito tranquillo.
3. Ha finito .... del previsto, così è potuta venire al cinema!
4. Ho incontrato Giorgio .... della conferenza.
5. Sono arrivato a casa di Mario .... otto di sera.
6. Ho scoperto il furto .... un mese.
7. Non è stato contento della telefonata, e .... è venuto di persona
8. È arrivato .... noi ed ha dovuto aspettare.

allora
prima di
poi
prima
dopo
dopo le
così
alla fine

8 *Completate le frasi*

1. Serena (*rompere*) .... un prezioso vaso cinese.
2. La festa (*essere*) .... veramente magnifica.
3. Vedo che non (*tu chiudere*) .... bene le valigie!
4. Noi (*decidere*) .... di non partecipare alla gita.
5. I vicini di casa (*dividere*) .... in due il loro salone.
6. Non sappiamo se Giorgio (*leggere*) .... il programma.
7. Quello che (*voi fare*) .... è veramente eccezionale.
8. Come sapete del mio arrivo, se non (*io dire*) .... niente a nessuno?
9. Non (*io scrivere*) .... proprio niente!
10. I ragazzi (*correggere*) .... da soli le composizioni.

9 *Formate il passato prossimo delle frasi*

1. Spengo la luce e vado a dormire.

   ....

2. Marco con il suo comportamento delude anche noi.

   ....

3. Rispondiamo esattamente alle domande del professore.

   ....

4. La ditta offre un viaggio a Singapore al suo direttore.

   ....

5. I ragazzi giungono a lezione in ritardo.

   ....

6. Spendo quasi tutto quello che guadagno in viaggi.

   ....

7. Non vengo per una questione di principio.

   ....

8. Non scegliete con cura il vostro abbigliamento.

   ....

9. Il suo modo di fare non piace a diverse persone.

   ....

10. Conosco Pino tramite un comune amico.

    ....

10 *Segnate con una X la frase giusta*

1. ☐ a. Abbiamo chieduto scusa per il nostro comportamento.
   ☐ b. Abbiamo chiesto scusa per il nostro comportamento.
   ☐ c. Abbiamo chieso scusa per il nostro comportamento.

2. ☐ a. Siamo rimasti solo per pochi minuti.
   ☐ b. Siamo rimanuti solo per pochi minuti.
   ☐ c. Siamo rimanati solo per pochi minuti.

3. ☐ a. Il bambino ha piangiuto per tutta la notte.
   ☐ b. Il bambino ha piantuto per tutta la notte.
   ☐ c. Il bambino ha pianto per tutta la notte.

4. ☐ a. Alberto ha vinto una grossa somma al totogol.
   ☐ b. Alberto ha vinciuto una grossa somma al totogol.
   ☐ c. Alberto ha vincuto una grossa somma al totogol.

5. ☐ a. Avete tradottato quel documento?
   ☐ b. Avete traduciuto quel documento?
   ☐ c. Avete tradotto quel documento?

6. ❏ a. Sulla nave abbiamo soffrito molto il mal di mare.
   ❏ b. Sulla nave abbiamo sofferto molto il mal di mare.
   ❏ c. Sulla nave abbiamo sofferito molto il mal di mare.

7. ❏ a. Per fortuna i ladri non hanno preso i miei gioielli.
   ❏ b. Per fortuna i ladri non hanno prenduto i miei gioielli.
   ❏ c. Per fortuna i ladri non hanno prendito i miei gioielli.

8. ❏ a. La guida non ha permesso a nessuno di fare fotografie nel museo.
   ❏ b. La guida non ha permettuto a nessuno di fare fotografie nel museo.
   ❏ c. La guida non ha permettato a nessuno di fare fotografie nel museo.

9. ❏ a. I ragazzi hanno prometto di non far tardi.
   ❏ b. I ragazzi hanno promesso di non far tardi.
   ❏ c. I ragazzi hanno promettuto di non far tardi.

10. ❏ a. Non abbiamo vistuto la fine della sfilata.
    ❏ b. Non abbiamo veduta la fine della sfilata.
    ❏ c. Non abbiamo visto la fine della sfilata.

11 *Inserite i seguenti avverbi nelle frasi*

1. Per me la matematica è .... stata una cosa incomprensibile.
2. Il mese non è ancora finito e noi abbiamo .... speso tutti i soldi!
3. Sono passate più di due ore e Vittoria non ha .... telefonato.
4. All'ultimo momento è arrivata .... Rosa.
5. Non ho .... visto uno spettacolo così bello!
6. È andato via e da quel momento non ha .... dato sue notizie.
7. Come vedi ho .... finito di parlare al direttore del tuo caso.
8. Siamo passati .... da casa tua!

già
appena
più
ancora
anche
mai
sempre
anche

12 *Completate le risposte*

1. È vero che vai al concerto di Claudio Baglioni?
   Sì, ... con la mia ragazza.
2. Hai trovato qualcosa di interessante nel suo discorso?
   Mi dispiace, ma non .... proprio nulla.
3. Siete rimasti molto in Italia?
   No, ... solo pochi giorni.
4. Perché vivete in centro?
   .... perché la casa è nostra.

Claudio Baglioni

5. Hai guardato nel cassetto?
   Certo che ....

6. Cosa hai messo nella borsa?
   .... solo la tuta da ginnastica.

7. Chi abita nell'appartamento di sotto?
   .... dei ragazzi spagnoli.

8. Passate molte ore in palestra?
   No, ... qualche ora alla settimana.

9. Ultimamente sei stato in Germania?
   Sì, ... per motivi di lavoro.

10. Venite all'aeroporto a prendere Carmine?
    Certo che ....

13 *Volgete al passato prossimo le frasi*

1. Per comprare la casa al mare deve fare dei sacrifici.
   ....

2. Carlo ancora una volta vuole fare di testa sua!
   ....

3. Da Piazzale Michelangelo i turisti possono ammirare tutta Firenze.
   ....

4. Per far presto devo passare da una stradina di campagna.
   ....

5. Vogliamo vedere tutta la trasmissione.
   ....

6. Devo andare anche contro voglia.
   ....

7. Mi dispiace, ma non posso fare niente per il tuo amico!
   Mi dispiace, ma ....

8. Non posso tornare per l'ora di cena.
   ....

9. Devo scendere in città a fare spese.
   ....

10. Voglio sposare Roberto anche contro il parere dei miei.
    ....

14 *Correggete gli eventuali errori presenti nelle frasi*

1. Ho dovuto andare alla posta per spedire un pacco.

....

2. È voluta comprare una gonna cortissima.

....

3. Siamo dovuti prendere una decisione molto importante.

....

4. I ragazzi sono potuti scendere con l'ascensore.

....

5. Hanno potuto prendere l'aereo delle nove.

....

6. Hanno dovuto partire prima del previsto.

....

7. Come siete potuti credere a tutte queste cose!

....

8. Abbiamo potuto andare a teatro con la macchina di Piero.

....

9. Siamo dovuti tornare a casa a piedi.

....

10. Siamo potuti finire di fare gli esercizi con l'aiuto del vocabolario.

....

15 *Coniugate gli infiniti al passato prossimo*

1. *potere* (io)   Ieri non .... andare a scuola.
2. *dovere* (noi)   Per trovare la casa di Marco, ... chiedere informazioni.
3. *volere* (loro)   Non .... rimanere nemmeno un minuto in più!
4. *potere*   Io .... uscire dopo aver finito di studiare.
5. *volere* (tu)   Perché non .... venire con me a teatro?
6. *dovere*   Stefano .... partire da solo.
7. *potere*   Io non .... preparare la lezione in tempo!
8. *dovere* (noi)   .... ritornare prima del previsto.
9. *potere*   Francesca e Gianni non .... vedere lo spettacolo.
10. *volere*   Luca .... incontrare quella persona!

16 Ascolto

a. *Due coppie, Alberto e Valeria, Giulio e Alessia, sono al bar; ascoltate i due dialoghi per una o due volte e segnate con una X cosa ha ordinato ognuno di loro*

	Alberto	Valeria	Giulio	Alessia
caffè espresso				
cappuccino				
caffelatte				
succo d'arancia				
bibita				
brioche				
panino con prosciutto crudo e mozzarella				
panino con prosciutto cotto e mozzarella				
tramezzino con tonno e maionese				
tramezzino con uova e prosciutto cotto				
birra alla spina piccola				
birra alla spina media				
birra bottiglia				
pasta				
gelato				

b. *Ascoltate di nuovo il dialogo e rispondete alle domande*

	vero	falso

1. Valeria non mangia spesso cioccolato.
2. Alberto ha molta fame.
3. Giulio ha già bevuto un caffè.
4. Alessia preferisce il caffè amaro.

17 *Completate il dialogo*

- Ciao, Emma, cosa (*fare*) .... in questi giorni?
- Niente di speciale; io e mio marito, (*andare*) .... una volta al cinema
  e poi come al solito (*rimanere*) .... a casa.

- Allora non (*voi passare*) .... una bella settimana?
- No, ma finalmente (*potere*) .... cambiare i mobili di casa.
- In questi giorni, (*vedere*) .... per caso Martina?
- Sì, (*venire*) .... a casa nostra due o tre volte; (*lei tornare*) ....
  .... da poco dagli Stati Uniti, dove (*conoscere*) .... un bel ragazzo che ora vive con lei.

18 _Utilizzate, costruendo delle mini storie, le seguenti espressioni_

1. *Ieri, bar sotto casa, incontrare, Nicola, prendere caffè insieme, andare in giro negozi, Nicola comprare una cintura, io comprare niente.*

   ....
   ....
   ....
   ....

2. *Mio fratello, vivere molto tempo fuori Italia, dimenticare come mangiare italiani.*

   ....
   ....
   ....
   ....

3. *Questa mattina, noi non potere andare a lavorare, sciopero autobus, ma non restare a casa, telefonare Piero, andare a lavorare, sua macchina.*

   ....
   ....
   ....
   ....

19 _Completate con le preposizioni_

1. Andrea è andato .... mare .... compagnia .... Celeste.
2. Tutto questo è successo .... colpa tua! Non cercare .... dare la colpa .... nessuno!
3. Vivere .... centro .... città è .... me una necessità.
4. Sono ormai tante le persone che vanno .... estero .... imparare una lingua straniera.
5. Quando abbiamo visitato New York siamo saliti .... statua .... libertà e .... alto abbiamo ammirato la città.
6. Il mio appartamento è .... quinto piano .... un vecchio palazzo vicino .... Piazza del Popolo.
7. Lavoro .... più .... 10 anni .... stesso ufficio, e vedo .... più .... 10 anni le stesse facce!

8. Considero .... attenzione il vostro problema.

9. Un buon caffè appena scendo .... letto, e sono pronto .... affrontare un'altra giornata.

10. Ho conosciuto un ragazzo .... occhi azzurri e .... capelli neri.

20 *Come sopra*

1. Moravia è uno scrittore amato .... Italia e .... estero.

2. .... passare .... anni Gregorio diventa sempre più nevrotico.

3. Mi piace tanto andare .... cinema e vedere commedie .... italiana.

4. Roberto è responsabile .... settore esportazioni .... un'importante azienda.

5. Mangio spesso .... questo ristorante.

6. Che schifo! Hai messo troppo zucchero .... caffè.

7. Meglio restare a casa o andare a vedere la partita .... calcio .... stadio?

8. Il prossimo treno .... Bologna parte .... binario 1 .... un'ora.

9. Le discussioni .... padre e figlio generalmente non finiscono bene.

10. .... quando è tornato .... Canarie, Nicola sembra un'altra persona.

21 *Sottolineate la frase giusta*

1. Sono stanco di aspettare.   Sono stanco per aspettare.
2. Cominciamo a lavorare molto presto.   Cominciamo di lavorare molto presto.
3. Andate nella Germania?   Andate in Germania?
4. Abitano in centro.   Abitano nel centro.
5. Restano per un mese a Caterina.   Restano per un mese da Caterina.
6. Cerco di finire prima.   Cerco a finire prima.
7. Vado in montagna con Sara.   Vado alla montagna con Sara.
8. Vengo alla mare con te.   Vengo al mare con te.

TEST FINALE

A *Volgete le frasi al passato prossimo*

1. Dobbiamo passare da casa per prendere i soldi.

.... da casa per prendere i soldi.

2. Posso accompagnare Laura, ma non sua sorella.

.... Laura, ma non sua sorella.

3. Ragazzi, che cosa succede?

   Ragazzi, che cosa ....

4. Voglio fare questa esperienza a tutti i costi!

   .... quella esperienza a tutti i costi!

5. Per andare al mare devo perdere una decina di chili in un mese.

   Per andare al mare .... una decina di chili in un mese.

6. Conosci le figlie del nostro vicino di casa?

   .... le figlie del nostro vicino di casa?

7. Vogliamo andare al concerto anche senza biglietti.

   .... al concerto anche senza biglietti.

8. Posso capire perché studio questa lingua.

   .... perché .... questa lingua.

B *ESSERE O AVERE? Completate con il verbo dato al passato prossimo*

1.	*capire*	Scusami, ... male!
2.	*finire*	Anna .... gli esercizi prima del previsto.
3.	*scendere*	Voi .... per le scale?
4.	*passare*	L'anno scorso noi .... le vacanze in Sicilia.
5.	*potere*	Con tutta quella gente voi .... entrare?
6.	*cambiare*	Ultimamente Vittorio .... molto.
7.	*passare*	Noi .... da casa ieri mattina.
8.	*finire*	Ragazzi, il caffè ....

C *Inserite negli spazi i verbi sotto elencati*

> *abbiamo speso - ha cambiato - ho visto - avete finito*
> *sei passato - hai ordinato - sono andato - hai fatto*

1. .... a prendere Marco alla stazione.

2. Ragazzi, ... di scrivere la relazione?

3. Quando .... da casa mia?

4. Giorgio, cosa .... da bere?

5. .... molto ultimamente.

6. .... un programma interessante.

7. Anna non .... idea su Paolo.

8. Che programma .... per il fine settimana?

D *Completate il cruciverba*

1. Tipo di salume.
2. Acqua in bottiglia.
3. Il catalogo di un bar.
4. Insieme al formaggio, necessario per la preparazione della pizza.
5. In bottiglia, in lattina o alla spina, ma quasi sempre ghiacciata.
6. La Coca Cola è forse quella più famosa.
7. Non cotto.
8. Sport da montagna.

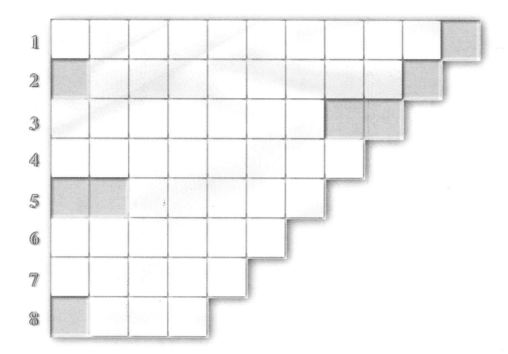

Risposte giuste: /32

1 _Completate secondo il modello_

> Parlerò di te al direttore.
> _Parleremo di voi al direttore._

1. Tornerai per l'ora di pranzo?
....
2. Eros Ramazzotti canterà una nuova canzone.
Gli 883 ....
3. Con questo traffico perderai il treno.
....

4. Marco cambierà appartamento.
Marco e Lucia ....
5. Ascolterò con attenzione la sua proposta.
....
6. Passerete le vacanze in montagna?
No, ... al mare.
7. Quando finirai con questi esercizi?
Quando ....
8. Preparerai tu il pranzo?
Sì, ... io il pranzo.
9. Resterò fino alla fine dell'estate.
....

10. Scenderete con l'ascensore?
Sì, ...

2 _Completate coniugando il verbo al futuro_

1. Franco ha deciso; (stare) .... da noi per tutto il mese di giugno.
2. I ragazzi (avere) .... sicuramente fame!
3. Non (noi essere) .... a Milano prima del 5 settembre.
4. Come (voi fare) .... ad arrivare a casa con questo tempo?
5. Se non sbaglio, domani (tu avere) .... molto da fare!
6. Signora, (fare) .... un caffè anche per me?
7. State tranquilli; (noi stare) .... molto attenti.
8. Ti prego, telefona quando (avere) .... in mano i documenti.
9. Il mese prossimo mio figlio (dare) .... un esame difficile.
10. Per il momento non possiamo fare niente; (stare) .... a vedere!

3 _Come il precedente_

1. La signora Pina (avere) .... qualche problema con il marito!

2. Sono certo che tutti (*fare*) .... il vostro dovere.

3. (*Noi stare*) .... da Michele solo alcuni giorni.

4. Il libro che cerchi (*essere*) .... in un cassetto.

5. Io non (*dare*) .... mai via la nostra casa per quattro soldi!

6. Se non puoi adesso, (*fare*) .... questo viaggio un'altra volta.

7. Se Giulia non viene, significa che (*avere*) .... da fare.

8. Domani sera le sorelle di Donatella (*dare*) .... una festa.

9. Non (*essere*) .... io un ostacolo alla tua felicità!

10. Penso che i ragazzi (*avere*) .... la pazienza di aspettare.

4 *Completate il mini dialogo*

Paolo: Adesso che abbiamo finito cosa (*fare*) ....?

Giacomo: Io (*tornare*) .... a casa; (*lavorare*) .... in un uf-
             ficio tecnico o (*fare*) .... il disoccupato per un po'.

Paolo: E tu?

Riccardo: Io (*vedere*) .... Con la mia laurea non (*essere*) ....
             facile trovare un buon posto, ma forse (*aprire*) ....
             una farmacia.

Giacomo: E tu, Paolo?

Paolo: Mio padre (*essere*) .... contento perché fi-
             nalmente (*lui avere*).............................. un figlio laureato.
             (*Noi stare*) .... a Firenze ancora per un breve periodo e
             poi io e la mia famiglia (*andare*) .... all'estero; (*essere*) ....
             un po' difficile, ma guadagneremo molto di più.

5 *Come il precedente*

Tonino: Che brutta situazione; cosa (*succedere*) ....?

Gianni: Un bel niente, (*vedere*) ....; Luigi dice spesso che (*lasciare*) ....
             .... tutto e che (*partire*) .... e non (*tornare*) .... più.
             Ma sono sicuro che alla fine (*loro trovare*) .... come le altre volte un
             accordo; lui (*chiedere*) .... scusa, (*dire*) .... che non
             può vivere senza lei. E, come in una favola, (*vivere*) .... tutti felici e
             contenti.

Tonino: E se questa volta (*fare*) .... sul serio?

Gianni: Se (*fare*) .... sul serio, non (*succedere*) .... la fine del
             mondo. All'inizio (*essere*) .... difficile, ma poi i ragazzi (*crescere*) ....
             .... e la moglie che è bella e giovane (*trovare*) .... sicu-
             ramente un altro.

6 *Rispondete alle domande*

1. Quante persone sono?

   .... una ventina.

2. Guarda la figlia del dottor Santini; secondo te, quanti anni ha?

   .... 20, forse 22 anni.

3. Fumi tanto?

   Ma no, ... 4 o 5 sigarette al giorno.

4. Passano molte macchine su quel ponte?

   .... ventimila macchine al giorno.

5. Bevi molti caffè?

   No, ... due o tre caffè al giorno.

6. Sai dov'è Piazza Cavour?

   .... dalle parti della stazione centrale.

7. Chissà quanti soldi hanno i tuoi suoceri!

   Tutte storie: .... sì e no trentamila euro in banca.

8. Quant'è alta la torre di Pisa?

   .... alta un trenta metri.

9. Dista molto Firenze da Bologna?

   .... un duecento chilometri.

10. Quanto manca all'inizio della partita?

    .... sì e no mezz'ora.

7 *Completate le frasi utilizzando il futuro*

1. Per favore, non fare tardi come l'altra volta!

   Stai tranquilla: (*essere*) .... puntuale come un orologio svizzero.

2. Ma non vedi come sei diventata?

   Hai ragione; da domani (*iniziare*) .... una dieta di ferro!

3. Se non abbassate il volume, chiamo la polizia!

   Va bene, ... il volume.

4. Sei andato in Spagna e non hai portato nemmeno un ricordino?

   Quando vado in Italia, ... un sacco di ricordini.

5. Ancora una volta vedo che i piatti sono sporchi?!

   Va bene; (*lavare*) .... non solo i piatti, ma anche le pentole.

6. Ma è possibile che in sei mesi non avete dato un esame?

   Hai ragione; da domani (*studiare*) .... come pazzi.

7. Sei tornato di nuovo tardi?

   Giuro che non (*fare*) .... più tardi.

8. Sono le sette e ancora non avete finito?

Stai tranquillo; .... prima delle nove.

9. Mamma mia, quanto fumi!

Hai ragione; da domani (*cercare*) .... di fumare meno!!!

10. Ma è possibile che tuo figlio spende tanto?

Ha promesso che .... di meno.

8 *Completate secondo il modello*

> Se continua a piovere, non esco.
> *Se continuerà a piovere, non uscirò.*

1. Se ha i soldi, viene anche lei in Tailandia.

....

2. Se finisco prima, vado a trovare Carmen.

....

3. Se non rispondi, lascio un messaggio sulla tua segreteria telefonica.

....

4. Se riesco a mettere dei soldi da parte, compro una bella Punto cabrio.

....

5. Se arrivate in anticipo, aspettate al bar sotto casa?

....

6. Se fai degli studi seri, hai più possibilità di trovare un lavoro.

....

7. Se vanno adesso alle poste, fanno in tempo a spedire il pacco.

....

8. Se prendi un'aspirina, il mal di testa passa subito.

....

9. Se continuano a non pagare, è un grosso problema per la nostra azienda.

....

10. Se sei contento tu, sono contento anch'io.

....

9 *Completate le seguenti frasi con il verbo al futuro semplice*

1. Credo che (*noi potere*) .... andare via senza chiedere permesso.

2. (*Io vedere*) .... con piacere i miei vecchi compagni di scuola.

3. (*Voi andare*) .... in compagnia di Luca o di Giovanni?

4. (*Tu potere*) .... rimanere a casa mia tutto il tempo che (*tu volere*) ....

....

5. Non (*noi sapere*) .... nulla prima di domani.

6. Ho una sete che (*bere*) .... un'intera bottiglia da un litro di acqua minerale.

7. (*Venire*) .... certamente anche Daniele e la sua ragazza.

8. Non fa niente: questa volta (*pagare*) .... io, un'altra volta (*pagare*) .... tu.

9. Se non state attenti, (*rimanere*) .... di nuovo senza soldi.

10. Ragazzi, nessun problema; (*vedere*) .... che tutto (*andare*) .... bene.

10 *Mettete le frasi al futuro*

1. Rimango in città e vado a visitare i posti che non ho ancora visto.
   ....

2. I miei amici vanno in vacanza a Capri.
   ....

3. Voglio vedere come va a finire questa storia.
   Voglio vedere ....

4. Non dimentico tutto quello che fai per me.
   ....

5. Finiamo di vedere il film e poi andiamo a letto.
   ....

6. Sono felice se torni a trovare me e la mia famiglia.
   ....

7. Se vogliamo avere successo, dobbiamo fare un programma serio.
   ....

8. Non so quando posso passare a ritirare il vestito dalla lavanderia.
   Non so quando ....

11 *Completate il dialogo*

Piero: Ma veramente (*noi passare*) .... la serata a vedere stupidi show in tv?

Mario: Se (*tu fare*) .... una proposta interessante, io (*essere*) .... dei vostri.

Piero: Intanto (*dare*) .... un'occhiata alla guida della città. Ecco, questo sì che può essere un modo per passare una serata diversa; proprio questa sera (*cantare*) .... al *Piper* Anna Oxa!

Mario: Il *Piper*, Anna Oxa: il mio locale e la mia cantante preferita! (*Essere*) .... una serata indimenticabile. Sicuramente (*cantare*) .... i suoi grandi successi: *Donna con te, Senza pietà*; ah, che canzoni!

Antonella: Tu non (*cambiare*) .... mai; (*restare*) .... un eterno romantico.

Mario: Sì, sono un romantico e adesso (*chiamare*) .... Chiara. Sono certo che (*volere*) .... venire pure lei.

Piero: Ragazzi, ma siamo senza biglietti; a quest'ora non sarà un problema?

Mario: Nessun problema, niente è impossibile per Mario. Ho un amico che lavora al *Piper* e (*fare*) .... l'impossibile. Sono sicuro che anche senza biglietto (*entrare*) ....

12 *Trasformate secondo il modello utilizzando **dopo che, quando, appena***

> **Arriverà Teresa e daremo una festa.**
> *Quando (appena - dopo che) sarà arrivata Teresa, daremo una festa.*

1. Finirà di cenare e verrà subito da te.

   ....

2. Arriveremo in albergo e faremo una doccia.

   ....

3. Vedrò il film e andrò subito a letto.

   ....

4. Finirete di studiare e potrete uscire.

   ....

5. Vedrò lo spettacolo e scriverò la critica.

   ....

6. Leggerò il giornale e saprò i risultati delle partite.

   ....

7. Telefoneremo ai nostri genitori e verremo in discoteca.

   ....

8. Laverete la camicia e vedrete che non è di buona qualità.

   ....

9. Metteremo i soldi da parte e compreremo sicuramente la macchina.

   ....

10. Prenderà la laurea e cercherà un lavoro.

    ....

13 *Completate le frasi usando il futuro semplice o composto*

1. (*Io telefonare*) ...., quando tutto (*finire*) ....

2. Mi dispiace, non (*potere*) .... seguire il corso, perché dal prossimo mese (*andare*) .... a vivere in un altro paese.

3. Se (*continuare*) .... a parlare tutti insieme, non (*io potere*) .... capire quello che dite.

4. Sono uno straccio, ma se (*riuscire*) .... a dormire almeno 8 ore, (*stare*) ....
.... certamente meglio.

5. Appena i ragazzi (*dare*) .... l'esame di anatomia, (*andare*) ....
in vacanza.

6. Se (*tu avere*) .... tempo, (*tu potere*) .... visitare anche i
paesi vicini.

7. Appena (*noi mettere*) .... piede nella nuova casa, (*invitare*) ....
tutti i nostri compagni di Università.

8. Ho paura dell'aereo, ma (*bere*) .... un bel cognac e non (*capire*) ....
.... niente.

9. Non è venuto; forse (*avere*) .... da fare.

10. Quando (*io sposare*) .... Cecilia, (*noi andare*) .... in viaggio di nozze in Svezia.

14 *Completate secondo il modello*

| finire - andare | Quando tutto ...*sarà finito*..., ...*andrò*... in vacanza. |

| *prendere - ritornare* (io) | Quando .... la laurea, ...
.... al mio paese. |
| *perdere - potere* (voi) | Quando .... qualche chilo, ...
.... mettere il bikini. |
| *venire - finire* | Marco ...., appena la partita ....
.... |
| *leggere - capire* (tu) | Solo dopo che .... il libro, ...
.... chi è l'assassino. |
| *parlare - avere* (io) | Quando .... con l'avvocato, ...
.... le idee chiare. |
| *finire - andare* (noi) | Se per quell'ora ...., ...
.... a teatro. |
| *ricevere - venire* (lui) | Se .... i soldi, ...
.... anche lui in Portogallo con noi. |
| *telefonare - dovere* | Se Daniele non .... fino alle nove, ...
.... telefonare noi. |

15 *Completate le risposte con il futuro composto*

Sono le nove e Franco non è ancora in ufficio. (*lui incontrare*)
Avrà incontrato qualche amico per strada.

1. Perché la macchina non va? (*finire*)
   .... la benzina.

2. Come mai i Tosetti non sono ancora tornati dalle vacanze? (*loro rimanere*)
   .... ancora qualche giorno al loro paese.

3. Ma è vero che Luca non sposerà Bianca? (*loro capire*)
   Sì, è vero; .... che non sono fatti l'uno per l'altra.

4. Mariella non riesce a trovare il telefonino! (*lei cercare*)
   Come al solito, ... nel posto sbagliato!

5. Cara, ho un terribile mal di testa! (*tu fumare*)
   Sono certa che .... troppo.

6. Giacomo è tornato molto presto a casa. (*lui finire*)
   .... di lavorare prima.

7. Hai visto? Stefano e Rita non hanno toccato quasi niente! (*loro mangiare*)
   Probabilmente .... prima di venire da noi.

8. Non volete sapere perché non siamo andati alla festa di Nando? (*voi avere*)
   .... dei buoni motivi per non andarci.

9. Come mai non riescono mai ad arrivare in tempo? (*loro sbagliare*)
   .... di nuovo la strada.

10. Sono 15 giorni che aspetto una lettera da Carlo e non è ancora arrivata! (*lui spedire*)
    Forse non .... la lettera raccomandata.

16 Ascolto

Ascoltate il brano e segnate le affermazioni giuste

1. Questa discussione avviene
   - ❏ a. il 25 dicembre
   - ❏ b. il 15 dicembre
   - ❏ c. il 15 gennaio

2. L'uomo vuole andare
   - ❏ a. a Rio
   - ❏ b. al mare
   - ❏ c. in montagna

3. Un viaggio organizzato per Rio costa
   - ❏ a. 3.000 in tutto
   - ❏ b. 1.500 in tutto
   - ❏ c. 3.000 a testa

4. La donna vuole andare a Rio de Janeiro
   - ❏ a. per fare qualcosa di diverso
   - ❏ b. per vedere parenti lontani
   - ❏ c. perché non sa sciare

5. All'uomo non piace l'idea di
   passare le feste a Rio perché

   ❑ a. il viaggio costerà un sacco di soldi
   ❑ b. odia l'America del Sud
   ❑ c. preferisce andare a sciare

6. Alla fine l'uomo

   ❑ a. propone di andare a Rio in agosto
   ❑ b. accetta di andare a Rio a Natale
   ❑ c. dice che ci deve pensare ancora

TEST FINALE

A *Segnate con una X la frase giusta*

1. ❑ a. Non so se poterò accompagnare Carmela a casa.
   ❑ b. Non so se posserò accompagnare Carmela a casa.
   ❑ c. Non so se potrò accompagnare Carmela a casa.

2. ❑ a. Venirete anche voi alla festa di Giusy?
   ❑ b. Verrete anche voi alla festa di Giusy?
   ❑ c. Verete anche voi alla festa di Giusy?

3. ❑ a. Se finisceremo prima, passiamo da voi.
   ❑ b. Se finisciamo prima, passiamo da voi.
   ❑ c. Se finiremo prima, passiamo da voi.

4. ❑ a. Solo quando tu avrai tornato, noi prenderemo la decisione.
   ❑ b. Solo quando tu sarai tornato, noi prenderemo la decisione.
   ❑ c. Solo quando tu sarai tornato, noi prendaremo la decisione.

5. ❑ a. Non sono sicuro se verò al cinema con voi.
   ❑ b. Non sono sicuro se verrò al cinema con voi.
   ❑ c. Non sono sicuro se venirò al cinema con voi.

6. ❑ a. Darai tu l'invito a Carlo?
   ❑ b. Darei tu l'invito a Carlo?
   ❑ c. Darrai tu l'invito a Carlo?

7. ❑ a. Non so se vorrano venire in gita con noi.
   ❑ b. Non so se voleranno venire in gita con noi.
   ❑ c. Non so se vorranno venire in gita con noi.

8. ❑ a. È vero che anderete tutti a trovare Felipe in Spagna?
   ❑ b. È vero che andrate tutti a trovare Felipe in Spagna?
   ❑ c. È vero che andrete tutti a trovare Felipe in Spagna?

B *Completate usando il futuro semplice o composto*

1. Noi (*partire*) ...., quando (*finire*) .... di lavorare.

2. Solo dopo che (*sistemare*) .... i bambini, io (*pensare*) ....
   .... a voi.

3. Quando (*noi arrivare*) .... in albergo, (*fare*) .... una
   doccia fredda.

4. Appena (*smettere*) .... di piovere, io (*uscire*) ....

5. Dopo che (*io sentire*) .... quei ragazzi parlare, (*io capire*) ....
   .... di dove sono.

6. Elena, ti (*richiamare*) ...., quando (*tornare*) .... dal
   Portogallo.

7. Ercole, ti (*io telefonare*) ...., appena (*arrivare*) .... a
   Firenze.

8. (*Voi partire*) ...., appena (*ricevere*) .... soldi da casa?

9. Quando (*io sapere*) .... i risultati, (*decidere*) .... cosa
   fare.

10. Noi (*venire*) .... a trovarti, appena (*avere*) .... il tuo
    nuovo indirizzo.

C *Completate il cruciverba e scoprite la frase in basso a destra*

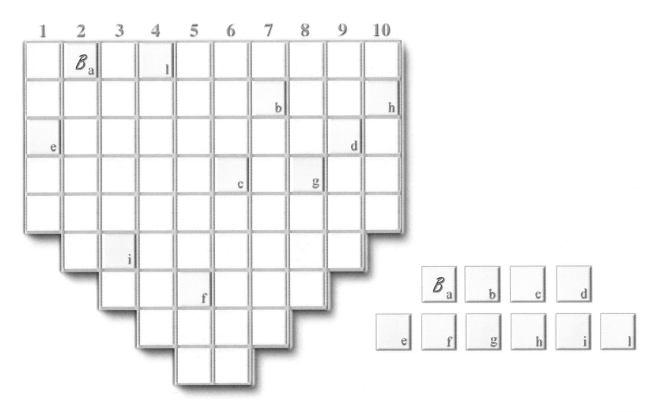

1. Oggi non fa molto freddo, ma tira _____.
2. La _____ è una vecchia donna che porta regali ai bambini.
3. *Max* esce 12 volte all'anno; è una rivista _____.
4. Alle 10 c'è un diretto, ma se prendiamo l'_____ che parte alle 11, arriveremo prima.
5. A causa di un forte _____ siamo rimasti senza luce per due ore.
6. Cosa farete la vigilia di _____?
7. Oggi non piove, ma il tempo è _____.
8. Per Carnevale ho comprato un bellissimo _____ rinascimentale.
9. Per il _____ di Capodanno, mia madre ha preparato un sacco di cose.
10. Tutto bene, a parte il _____ che sono molto stanco.

Risposte giuste: /28

2° test di ricapitolazione (unità 3, 4 e 5)

A *Completate con le preposizioni*

1. Ringrazio tanto la tua famiglia .... gentile ospitalità.
2. Quando parlo .... telefono, non riesco mai .... dire quello che voglio!
3. Sono andato .... posta .... spedire una lettera .... miei genitori.
4. Prenderò qualche giorno .... riposo .... stare vicino .... miei figli!
5. Cerca bene: il tuo vestito rosa è .... armadio, vicino .... quello verde .... tua sorella.
6. Se tutto va bene, domani arriverà il mio fidanzato .... Germania.
7. Auguro .... tutti tanta felicità!
8. La casa di Mirella si trova proprio davanti .... parco.
9. Vado .... centro .... comprare un completino .... negozio .... *Armani*.
10. Il posacenere è .... tavolo .... cucina.

/10

B *Completate con le preposizioni*

1. Se tutto andrà bene, prenderò la mia laurea .... fine .... questo mese.
2. Per favore, puoi portare la macchina .... meccanico?
3. Oggi .... uomini non c'è tanta comprensione come .... passato.
4. Quando andrai .... tuo paese?
5. Gli appunti .... Mario sono .... mia borsa.
6. I ragazzi sono rimasti ancora .... qualche giorno .... nonni: penso che torneranno .... compleanno .... Mariangela.
7. Secondo le previsioni, pioverà .... tutta la settimana .... tutta l'Italia.
8. Se non facciamo .... tempo questa sera, andremo .... teatro domani.
9. Cercate .... portare roba pesante perché .... montagna .... sera fa freddo!
10. Tu e la tua compagnia .... ultimi tempi siete diventati insopportabili!

/10

C *Completate i seguenti mini dialoghi con le preposizioni*

1.
   - Buon giorno, tesoro; vai .... centro?
   - Sì.
   - Allora vengo .... te perché ho bisogno .... un paio .... scarpe nuove.
   - Ma non puoi vedere .... qualche negozio qua vicino?
   - Ho guardato, ma non c'è niente .... interessante.

2.
   - Ciao, Antonello, dove sei stato tutto questo tempo?
   - Sono stato .... giro .... Europa.
   - Che bello! Ma non hai detto niente .... nessuno .... questo tuo progetto?

- No, e tu dove sei stata?
- Sono stata .... vacanza .... Sardegna, ... Costa Smeralda: un posto unico ....
  mondo! Bisogna vedere .... credere.

/15

D *Completate con il verbo al passato prossimo*

1. Come (*passare*) .... il fine settimana? (*Andare*) .... forse al
   tuo paese, o (*rimanere*) .... in città?
2. Se (*voi finire*) ...., potete andare via!
3. L'altro giorno (*noi uscire*) .... ed (*incontrare*) .... Lisa, che
   (*accettare*) .... di bere un caffè insieme a noi.
4. (*Passare*) .... tanti anni, ma tu non (*cambiare*) .... affatto.
5. Ma è possibile che non (*voi capire*) .... ancora come funziona il climatizzatore?!
6. Buona notte ragazzi; (*essere*) .... una serata molto divertente.
7. Cara Valeria, (*fare*) .... veramente bene a venire.
8. Non veniamo con voi perché (*vedere*) .... già questo film.
9. Gerardo (*cambiare*) .... casa; ora vive in centro.
10. La Juventus (*vincere*) .... lo scudetto.

/10

E *Completate le frasi*

1. Soltanto quando (*io finire*) .... di pagare la macchina, (*potere*) ....
   .... pensare ad altre spese.
2. Dovete sapere che se non (*loro venire*) .... per le sei, significa che non (*potere*) .... lasciare prima l'ufficio.
3. Speriamo che Alessandro e sua moglie (*mangiare*) ...., altrimenti (*bisognare*) .... preparare qualcosa.
4. Per prima (*noi cercare*) .... di perdere qualche chilo e poi (*fare*) ....
   .... un pochino di ginnastica.
5. Per favore, ragazzi, non insistete: (*voi partire*) .... solo dopo che (*prenotare*) ....
6. È vero che Giacomo (*prendere*) .... un prestito e (*aprire*) ....
   .... una farmacia appena (*prendere*) .... la laurea?
7. Sono certo che Luisa (*fare*) .... il possibile per aiutare Anna.
8. Se (*tu ascoltare*) .... il nuovo cd di Bocelli, (*capire*) ....
   perché ha venduto tanti milioni di dischi in tutto il mondo.
9. Ragazzi, oggi è sabato e (*noi potere*) .... tornare anche dopo le due.
10. (*Io smettere*) .... di fumare, se prometti che (*smettere*) ....
    anche tu.

/10

Risposte giuste:	/55

1 *Completate secondo il modello*

> Io ho una macchina.
> ...*La mia*... macchina è una Maserati.

1. Io ho una moto. .... moto è un'*Aprilia*.
2. Gianna ha una casa. .... casa è in periferia.
3. Silvio e Morena hanno un bambino. .... bambino ha quattro anni.
4. Noi abbiamo un amico in Danimarca. .... amico si chiama Hans.
5. Voi avete un impegno. .... impegno non è importante!
6. Loro hanno una villa. .... villa è bellissima.
7. Io ho due gatti. .... gatti sono siamesi.
8. Carlo ha molti dischi. .... dischi sono quasi tutti vecchi.
9. Tu hai tanti amici. .... amici sono dei bravi ragazzi!
10. Voi avete fatto alcuni errori. .... errori non sono gravi.

2 *Completate secondo il modello*

> Gianni ha una vicina di casa di Modena.
> *La sua vicina di casa è di Modena.*

1. Io ho un motorino velocissimo.

   ....

2. Noi abbiamo un debito di cinquemila euro.

   ....

3. Giovanna ha il ragazzo in Brasile.

   ....

4. Voi avete una passione per il calcio.

   ....

5. Antonio e Franco hanno le fidanzate francesi.

   ....

6. Marcello e Carlo hanno dei professori stranieri.

   ....

7. Tu hai un orologio d'oro?

   ....

8. Noi abbiamo un piccolo conto in banca.

   ....

3 *Completate secondo il modello*

> Ho comprato la bicicletta di Paolo.
> *Ho comprato la sua bicicletta.*

1. Abbiamo cercato inutilmente la casa delle ragazze.

   ....

2. Ho ricordato il numero di telefono di Maurizio.

....

3. Ho dimenticato di portare le foto tue e di Marianna.

....

4. Porterò io la borsa dei ragazzi.

....

5. Ho incontrato gli amici miei e di Piero.

....

6. Non abbiamo avuto il tempo di visitare il paese di Emma.

....

7. Ho portato in lavanderia tutti i vestiti di mio padre.

....

8. Ho mangiato con piacere la pizza di Giuliana e suo marito.

....

4 *Completate con i possessivi e gli articoli adatti*

1. Ragazzi, avete dimenticato .... documenti.
2. Professore, ho preso per sbaglio .... giornale.
3. Antonio, ... orologio è nuovo?
4. Gianna, hai visto per caso .... occhiali?
5. Roberto è tanto triste perché .... ragazza è andata a vivere in un'altra città.
6. Andrò in vacanza con tutta .... famiglia.
7. Caro Silvio, cerca altrove .... portafoglio!
8. Dottore, ... pazienti aspettano da molto.
9. Sono arrivati Angela e Vittorio con .... figli.
10. Abbiamo visto .... cantante preferito in uno show televisivo.

5 *Come sopra (dove necessario mettete anche la preposizione adatta)*

1. Lavorano in fabbrica e in questo periodo .... fabbrica è in crisi.
2. Questa è .... macchina, signor Bianchi?
3. Le aspirine sono nel cassetto .... scrivania.
4. È un tipo particolare: vive .... mondo!
5. Il signore e la signora Spinelli hanno festeggiato .... anniversario di matrimonio.
6. Mariolina ha dato .... ultimi due esami.
7. Pensa con nostalgia .... amori del passato?
8. Abitiamo in Italia e in estate tanti turisti visitano .... Paese.
9. Domani potete passare dalla banca per ritirare .... stipendio.
10. Ci sono genitori che lasciano fare .... figli tutto quello che vogliono.

6   *Completate le risposte*

1. Con chi parli tanto tempo al telefono?
   Parlo con .... ragazzo.
2. Hai deciso se parti da solo o in compagnia?
   Forse partirò con .... amici.
3. Quando conoscerò i vostri genitori?
   Conoscerai .... genitori al più presto.
4. Hai preso i passaporti dei bambini?
   Certo che ho preso anche .... passaporti.

5. Ma sei sicuro che questa è proprio la casa di Gianna?
   Sì, questa è proprio .... casa.
6. Dottore, quando potrà visitare il mio cane?
   Signora, potrò visitare .... cane nel pomeriggio, verso le 5.
7. Perché non chiedi un po' di sale ai tuoi vicini di casa?
   Perché a quest'ora .... vicini di casa dormono.
8. Ragazzi, avete guardato bene nei vostri cassetti?
   Abbiamo guardato bene nei .... cassetti, ma non abbiamo trovato nulla.
9. Chiederemo il loro aiuto o faremo da soli?
   Non chiederemo .... aiuto, faremo da soli.
10. Carlo, quella non è la ragazza di Sergio?
    Sì, è proprio .... ragazza.

7   *Completate secondo il modello*

> È di Gianni questo vestito?
> *Sì, è suo.*

1. È di Gabriella e Rosa questo pacco?   Sì, ...
2. Quella borsa elegante è tua?   Sì, ...
3. Sono vostri gli appunti sul banco?   No, non ....
4. Sono Sue le sigarette?   Sì, ...
5. La casa di campagna è di Carmela e Fabio?   No, non ....
6. La colpa è solo di Alessandra?   Sì, ...
7. Sono Suoi i bagagli lasciati nella hall?   No, non ....
8. È del direttore questa idea?   Sì, ...

8   *Completate la domanda o la risposta*

1. Signora Rosa, quali sono .... fiori preferiti?
   I miei fiori preferiti sono le rose.

2. Avete portato .... vino preferito?

Certo che abbiamo portato il tuo vino preferito.

3. .... figli studiano ancora in Italia?

No, i nostri figli ormai hanno finito.

4. La tua fidanzata è quella ragazza coi capelli biondi?

No, ... ragazza è quella coi capelli castani.

5. Hai preso tu .... riviste?

Ma no, che non ho preso io le tue riviste.

6. Posso prenotare anche per le mie amiche?

Certo, signora, che può prenotare per .... amiche.

7. Siete sicuri che questo è l'indirizzo della .... pensione?

Ecco, via Mazzini 32: questo è l'indirizzo della nostra pensione.

8. C'è posto anche per Angela e Piero nella .... macchina?

Mi dispiace, ma nella mia macchina c'è posto solo per una persona.

9 *Completate con i possessivi*

1. Quell'uomo coi capelli grigi è .... padre?

2. È andata a trovare .... sorella che non sta bene.

3. Da quando è tornato .... fratello divido la camera con lui.

4. .... nonno è andato a ritirare la pensione.

5. Non abbiamo trovato casa e siamo costretti a vivere con .... suoceri.

6. .... cugini studiano all'Università di Trento.

7. Signor Gennaro, c'è .... moglie al telefono.

8. .... cugino, Renato, è professore di storia e filosofia al Liceo *Tasso*.

9. Devo ammettere che .... madre è una persona gentile: non viene mai a controllare!!

10. Siamo preoccupati: sono le tre e .... figlio non è ancora rientrato.

10 *Come il precedente*

1. .... sorella ha 30 anni, ma per me resta sempre .... sorellina.

2. Io e .... caro papà siamo più che amici!

3. Conosco .... marito dagli anni del ginnasio.

4. Stella e Valerio non sono tanto ricchi, ma .... padre ha tanti di quei soldi!!!

5. .... dolce mamma compie oggi 50 anni.

6. Sono venuti .... cugini e hanno portato anche .... figlie.

7. .... nipotini vanno allo stesso asilo.

8. Alice è partita per il paese perché .... zio si sposa.

9. .... fratellini sono dei piccoli diavoli!!

10. Fortunati i nostri amici! .... madre ha vinto al totocalcio!

11 _Completate il dialogo_

Postino: Buongiorno, dottor Santini, c'è una raccomandata per ....
            moglie. Vuole firmare?

Ennio: Grazie! ...Cara, vieni! .... cugino ha mandato i do-
          cumenti per la vendita .... casa in campagna.

Vera: Sono molto dispiaciuta; sai, in questa casa abbiamo pas-
         sato le vacanze con tutta .... famiglia per molti an-
         ni. Ciro, ... cugino e .... moglie non voglio-
         no vendere la casa, ma .... figli hanno bisogno di sol-
         di.

Ennio: Mi vuoi parlare un po' di questa casa, ... famiglia?

Vera: Hai ragione, non sai quasi nulla .... famiglia. Dunque, come sai,
         .... padre, ... madre e .... fratelli più grandi vivono
         in Argentina. Io sono cresciuta con .... nonni che hanno compra-
         to la casa con .... risparmi e l'aiuto .... zia Nunzia, la ma-
         dre di Ciro. Adesso è chiusa da molti anni, ma bastano un po' di sol-
         di e ritornerà bella come prima; sono veramente molto triste.

Ennio: Non essere triste, amore ....! Possiamo comprare noi la casa!
          Senti: diamo in anticipo .... risparmi, un aiuto da ....
          padre, e il resto un prestito.

Vera: Dici davvero?! Oh, come sono felice! Grazie, amore ...., grazie!!!

12 _Completate la lettera con i possessivi e le preposizioni dove necessario_

> _Siracusa, 23 luglio_
>
> _Caro Luca,_
>
> _ho ricevuto .... lettera solo ieri, per questo non ho scritto prima. Sono molto contento che .... genitori stanno bene e che lavorano ancora; certo, ... età fare qual-cosa aiuta._
>
> _Nella lettera non parli per niente .... progetti di matrimonio; come sta .... ragazza? Dopo tanti anni penso che anche tu desideri avere una casa ...., una famiglia ...., dei figli. Io e Giulia abbiamo avuto un altro bambino quattro mesi fa. Federica, ... figlia, è molto gelosa e non sappiamo cosa fare; forse la manderò per un periodo di tempo in campagna .... suoceri. Il lavoro per fortuna non manca e se tutto andrà bene, verremo giù ad agosto._
>
> _Per il momento non ho altro da dire, spero la prossima volta di avere più cose da raccontare._
>
> _Tanti cari saluti .... genitori, ... cugini e .... ragazze._
>
> _Un caro abbraccio,_
> _Salvatore_

13 _Riordinate le frasi secondo il modello_

casa / cambiare / mia / perché / vorrei / la / è / piccola.
Vorrei cambiare casa perché la mia è piccola.

1. stasera / finire / lavoro / vorrei / entro / questo.
....

2. sto / vorrei / a / un / dolce / ma / dieta.
....

3. miei / tutti / vorrei / i / amici / invitare.
....

4. vorrei / con / la / di / credito / se / è / carta / pagare / possibile.
....

5. tanto / giro / vorrei / tempo / avere / per / fare / il / del / libero / mondo.
....

6. ghiacciata / con / vorrei / bella / coca - cola / questo / caldo / una.
....

7. parlare / dei / con / miei / vorrei / qualcuno / problemi!
....

8. passare / sera / da / Luca / prima / di / vorrei.
....

14 _Completate secondo il modello_

Ti piace vivere in centro o in periferia?
Mi piace vivere in centro.

1. Cosa ti piace, il vino o la birra?
.... la birra.

2. Ti piacciono i ragazzi con i capelli lunghi o corti?
.... con i capelli corti.

3. Ti piacciono le canzoni di Laura Pausini?
.... tanto, a mio fratello per niente.

4. Che simpatica che è Antonella, ti piace?
.... tanto, specialmente quando ride.

5. Ti piacciono i dolci?
.... tanto, ma non quando sto a dieta.

6. A te piace scendere a piedi o con l'ascensore?
.... scendere a piedi perché ho paura dell'ascensore.

7. A te piace la cucina italiana o quella francese?
.... molto la cucina italiana, specialmente quella regionale.

8. A te piacciono gli gnocchi o le farfalle?
.... tutti e due.

15 _Mettete al plurale le frasi_

1. Angelo possiede un bell'appartamento in città.

   Angelo e Piero possiedono due ....

2. Abbiamo piantato nel giardino un bell'albero.

   Abbiamo piantato nel giardino dei ....

3. Non portate quel vostro amico.

   Non portate ....

4. Quello scandalo ha fatto tremare il governo.

   .... hanno fatto tremare il governo.

5. In Sardegna producono un bel vino rosso.

   In Sardegna e in Sicilia producono dei ....

6. Carlo porta un bell'orecchino.

   Rita porta dei ....

16 _Come il precedente_

1. Il costruttore ha venduto quell'appartamento.

   Il costruttore ha venduto ....

2. Questa luce crea un bell'effetto.

   Questa luce crea dei ....

3. Quello specialista è americano.

   .... sono americani.

4. Quello studente è molto bravo.

   .... sono molto bravi.

5. Quel quadro è di un famoso pittore francese.

   .... sono di un famoso pittore francese.

6. Per la mia festa ho ricevuto un bel regalo.

   Per la mia festa ho ricevuto dei ....

17 _Rispondete alle domande_

1. Quanto ci vuole per andare da Milano a Roma?

   Col treno .... 4 ore.

2. Ci mettete molto per prepararvi?

   .... solo cinque minuti.

3. Quanti soldi ci vogliono per vivere bene?

   .... almeno 1.500 euro al mese.

4. Come mai ci mette tanto per arrivare?

.... tanto perché c'è traffico.

5. Per guidare la moto ci vuole la patente?

Certo che .... la patente!

6. Per entrare ci vuole il permesso?

No, non ....

7. Per andare in Germania ci vuole il passaporto?

No, se sei cittadino comunitario, non ....

8. Quanto ci metti per finire questo lavoro?

.... al massimo due ore.

18 *Completate con le preposizioni*

1. Cercate .... arrivare .... orario .... lezione!
2. Luciano Pavarotti ha dato un concerto .... *Arena* .... Verona.
3. Abbiamo conosciuto parecchie persone e .... queste due o tre francesi.
4. Non siamo .... soli, siamo .... compagnia.
5. Tonia è passata .... meccanico .... lasciare la sua macchina.
6. Se non sbaglio, verranno .... pranzo alcuni colleghi .... mio padre.
7. .... questo brutto tempo preferisco rimanere .... città.
8. Giorgio Armani è .... gli stilisti italiani più amati .... estero.

19 *Completate il testo*

Cosa prova una donna a passare la soglia .... trentacinque anni? .... quasi tutte le donne rappresenta un'esperienza .... cercare .... evitare: il vero inizio .... maturità, ... tutto quello che significa. Oggi le cose sono davvero cambiate .... meglio. Se guardiamo intorno .... noi, è proprio .... questa fascia .... età che troviamo le donne più interessanti, non solo .... mondo .... lavoro o .... le amiche, ma anche .... spettacolo. Possiamo quasi dire che .... molte donne l'aumento .... anni sembra significare maggior successo.

20 *Completate i mini dialoghi*

1. - Parti .... nuovo?
   - Sì, vado .... Sicilia, ... Palermo, ... conto .... mia ditta.
   - E quando ritorni?
   - Ritorno .... due o tre settimane.

Palermo

2. - Come mai .... cattivo umore?

   - Niente .... speciale, ... quando sono entrato .... ufficio ho un leggero mal .... testa.

   - Io non posso capire .... quale motivo non usate il condizionatore; .... questi giorni la temperatura è salita molto. Forse .... qualcuno dà fastidio?

   - Hai indovinato: dà fastidio .... direttore!

TEST FINALE

A *Completate le frasi con i possessivi, le preposizioni o gli articoli adatti*

1. Non abbiamo .... notizie da quando è partito.
2. Abbiamo comprato la casa con .... risparmi e non con i soldi .... madre.
3. Marco e Diana non sono ancora venuti a prendere .... documenti e nemmeno .... lettere.
4. Gentili signori, capisco .... dubbi, ma non possiamo fare diversamente!
5. Antonio ha deciso di presentare la .... ragazza ai .... genitori.
6. Non puoi credere a quello che abbiamo visto con i .... occhi!
7. Ho appena finito di scrivere .... zio Valerio.
8. Carmela ama molto .... fratellino più piccolo.
9. Cerchiamo di stare attenti .... figli.
10. Ho fatto questo lavoro con le .... mani.

B *Rispondete alle domande*

1. Signor Danieli, è Suo questo ombrello?
   Sì, grazie, è ....

2. Hai invitato anche tuo suocero?
   Sì, ho invitato .... suocero e anche .... cognato.

3. Ragazzi, avete voi i miei appunti?
   No, non abbiamo noi .... appunti, ma Sandra.

4. Dottore, quando può vedere la mia domanda?
   Posso vedere .... domanda la prossima settimana.

5. Sai se Lucia ha preso le mie riviste?
   Lucia non ha preso ...., ma quelle di .... sorella.

6. Da quale meccanico hai portato la mia macchina?
   Ho portato .... macchina dal meccanico in via Zanardi.

7. Professore, ha corretto i nostri compiti?
   Mi dispiace ragazzi: non ho corretto né .... compiti, né quelli dell'altro corso.

8. Quando tornano i tuoi zii dalla Spagna?

.... zio torna domenica, ... zia è già tornata.

C *Segnate con una X la frase giusta*

1. ❑ a. Oggi vengono a pranzo il mio suocero e la mia suocera.
   ❑ b. Oggi vengono a pranzo mio suocero e la mia suocera.
   ❑ c. Oggi vengono a pranzo mio suocero e mia suocera.

2. ❑ a. Giacomo è veramente un bello ragazzo.
   ❑ b. Giacomo è veramente un bel ragazzo.
   ❑ c. Giacomo è veramente un belo ragazzo.

3. ❑ a. Cameriere, volerei un bicchiere d'acqua.
   ❑ b. Cameriere, volerrei un bicchiere d'acqua.
   ❑ c. Cameriere, vorrei un bicchiere d'acqua.

4. ❑ a. Mi piacciono i tipi allegri.
   ❑ b. Mi piaciono i tipi allegri.
   ❑ c. Mi piacono i tipi allegri.

5. ❑ a. Quell'amico mio è di Genova.
   ❑ b. Quel amico mio è di Genova.
   ❑ c. Quello amico mio è di Genova.

6. ❑ a. Miei cugini abitano a Cesena.
   ❑ b. I mii cugini abitano a Cesena.
   ❑ c. I miei cugini abitano a Cesena.

7. ❑ a. Mi piace ad andare qualche volta in discoteca.
   ❑ b. Mi piace di andare qualche volta in discoteca.
   ❑ c. Mi piace andare qualche volta in discoteca.

8. ❑ a. In quello ristorante ho mangiato bene.
   ❑ b. In quel ristorante ho mangiato bene.
   ❑ c. In quel'ristorante ho mangiato bene.

D *Completate il cruciverba*

1. Lo mettiamo sulla pasta.
2. La cena è l'ultimo del giorno.

3. Lo usiamo per tagliare.
4. O la usiamo... o mangiamo con le mani.
5. Si usa per mangiare la zuppa e non solo.
6. Lavora nei ristoranti.
7. Viene prima del primo piatto.
8. Istruzioni per preparare un piatto.
9. Sandwich.
10. I piatti salati ne hanno molto.

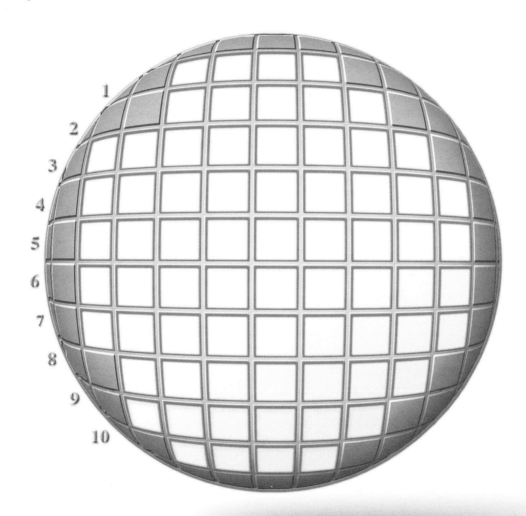

Risposte giuste: /36

1   *Completate coniugando il verbo tra parentesi all'imperfetto*

1. Prima di cadere, Alberto (*andare*) .... spesso a sciare.
2. Anche d'estate Maria (*dormire*) .... con le finestre chiuse.
3. Fin da piccoli loro non (*mangiare*) .... pesce.
4. Lui (*portare*) .... gli occhiali da sole anche la sera.
5. Io e Carlo (*studiare*) .... insieme all'Università.
6. Alfredo (*amare*) .... molto la sua professione.
7. Al telefono (*rispondere*) .... sempre la sua segretaria.
8. Io (*sperare*) .... di andare in vacanza a luglio.

2   *Completate secondo il modello*

> Quando (*io vivere*) .... in città (*io andare*) .... spesso al cinema.
> Quando *vivevo* in città *andavo* spesso al cinema.

1. Ieri sera, mentre (*io guardare*) .... la televisione, (*io pensare*) .... agli impegni del giorno dopo.
2. Valerio (*raccontare*) .... le sue avventure con tanto entusiasmo che tutti (*ascoltare*) .... senza dire una parola.
3. Rudolf e Hans non (*parlare*) .... bene, ma (*rispondere*) .... a tutte le domande.
4. Noi (*non sapere*) .... che voi (*cercare*) .... una casa.
5. Quando (*loro stare*) .... in Italia, (*loro mangiare*) .... quasi sempre al ristorante.
6. Mentre (*lei aspettare*) .... l'autobus, (*lei cercare*) .... i soldi nella borsetta.
7. Di solito quando (*tu perdere*) .... la pazienza, (*tu diventare*) .... un'altra persona.
8. Carla (*dovere*) .... andare al negozio ogni giorno perché il padre (*stare*) .... male.

3   *Completate con la domanda o la risposta*

1. Perché Maria non ha comprato il vestito?
   Perché (*costare*) .... molto.
2. Dove .... quando .... a Roma?
   Quando stavo a Roma abitavo vicino Piazza Navona.
3. Cosa guardavate con tanto interesse?
   .... la nuova pubblicità della Benetton.

4. A cosa pensavi?

.... di andare in vacanza.

5. Quale treno .... per andare a lavorare?

Prendevano tutte le mattine il treno delle sei.

4 *Completate con il verbo all'imperfetto*

1. Ieri (*fare*) .... tanto freddo, perciò non sono uscito.
2. I miei compagni all'Università (*essere*) .... quasi tutti del Sud.
3. Quando studiavo l'italiano spesso (*tradurre*) .... direttamente dalla mia lingua.
4. Alla fine di ogni partita i giornalisti (*porre*) .... tante domande agli atleti.
5. Solo adesso capisco che non (*tu dire*) .... sempre la verità.
6. Adesso non so, ma prima lei (*bere*) .... molto.
7. Se ricordo bene, (*voi essere*) .... contenti del risultato.
8. In quel periodo (*io fare*) .... il cameriere.

5 *Segnate con una X la frase giusta*

1. ❏ a. Quando ero in Italia bevevo molti caffè.
   ❏ b. Quando sono in Italia bevevo molti caffè.
   ❏ c. Quando ero in Italia ho bevuti molti caffè.

2. ❏ a. Mentre scrivo pensavo ad altro.
   ❏ b. Mentre scrivevo penso ad altro.
   ❏ c. Mentre scrivevo pensavo ad altro.

3. ❏ a. Lui diceva cose che non pensava.
   ❏ b. Lui dicheva cose che non pensava.
   ❏ c. Lui diceva cose che non ha pensato.

4. ❏ a. Anna facceva la modella.
   ❏ b. Anna faceva la modella.
   ❏ c. Anna facieva la modella.

5. ❏ a. Spesso traduchevate dalla vostra lingua.
   ❏ b. Spesso traducevate dalla vostra lingua.
   ❏ c. Spesso traduvate dalla vostra lingua.

6 *Completate*

Ricordo che (*essere*) .... una bella giornata estiva. Non (*io avere*)
.... nessuna voglia di stare in città: (*fare*) ....
molto caldo e (*io pensare*) .... ai miei amici al mare che (*fare*)
.... il bagno o (*prendere*) .... il sole.
Questo non (*essere*) .... un problema; la cosa che mi
pesava di più (*essere*) .... il pensiero della sera:
loro che (*andare*) .... in discoteca, (*ballare*) ....
..............................., (*bere*) .... e io, invece, (*dovere*)
.... rimanere in città per colpa di uno stupido esame!!!

7 *Completate mettendo il verbo tra parentesi all'imperfetto*

1. Come mai conosci tutte le squadre di basket?
   (*piacere*) Certe volte mi .... andare a vedere le partite della nazionale.
2. Passate tutti i fine settimana al mare?
   (*preferire*) Prima .... passare i fine settimana in montagna a sciare.
3. Luigi, tuo padre a 50 anni ha ancora un fisico eccezionale!
   (*andare*) Per forza; fino a due mesi fa .... ogni giorno in palestra.
4. Perché non hai avvisato del tuo arrivo?
   (*avere*) Perché, come al solito, non .... una scheda telefonica in borsa.
5. Vedo che sei diventato direttore?!
   (*stare*) Per fortuna ho seguito un corso, altrimenti .... ancora a fare l'impiegato.
6. Ma tu non sbagli mai?
   (*fare*) Non è così; anch'io da giovane .... spesso degli errori.
7. Siete stati puntuali con i ragazzi?
   (*essere*) Certamente! Alle nove .... davanti alla pizzeria.
8. Ma guarda com'è coraggioso!
   (*essere*) Eh, sì! Pensa che a 18 anni .... nei paracadutisti.

8 *Completate con l'imperfetto*

1. Mentre Carlo (*preparare*) .... da mangiare, sua moglie (*leggere*) ....
   il giornale.
2. Tutte le volte che Marco ed i suoi amici (*vedere*) .... una bella ragazza, (*perdere*)
   .... la testa!
3. (*Io guardare*) .... la televisione e (*io pensare*) .... al lavoro del giorno
   dopo.
4. (*Io ascoltare*) ...., ma non (*io riuscire*) .... a capire niente di quello
   che (*tu dire*) ....
5. Alberto (*entrare*) .... e non (*bussare*) .... mai.

6. Mentre (*noi preparare*) .... la valigia, i bambini (*giocare*) .... nel giardino.

7. Mentre (*noi vedere*) .... il film, (*noi mangiare*) .... popcorn.

8. Quando (*lui essere*) .... nervoso, (*fumare*) .... come un pazzo.

9 *Rispondete alle domande*

1. Per quanti anni hai studiato l'italiano?

   .... l'italiano per tre anni.

2. Quanto tempo sei rimasto in Italia?

   .... in Italia quattro settimane.

3. Avete lavorato tutta l'estate?

   No, ... solo a luglio.

4. Ieri sera sei stato al cinema o come al solito in discoteca?

   Non .... né al cinema, né in discoteca; .... a teatro.

5. Hai fatto questo lavoro fino alla pensione?

   Sì, purtroppo, ... questo lavoro fino alla pensione.

6. Quanto hai aspettato Luisa?

   .... Luisa dalle 11 alle 3.

10 *Completate*

Ieri (*essere*) .... una giornata tremenda. Come al solito, (*io fare*) .... colazione al bar sotto casa, (*andare*) .... in garage a prendere la macchina, (*fare*) .... alcuni metri e (*rimanere*) .... senza benzina! (*Tornare*) .... indietro a piedi e (*prendere*) .... l'autobus, ma invece del 22, (*prendere*) .... il 32. Per fortuna (*capire*) .... in tempo che avevo sbagliato e (*scendere*) .... alla prima fermata. (*Aspettare*) .... un'ora per un taxi, e alla fine (*arrivare*) .... in ufficio con un'ora di ritardo!

11 *Completate con i verbi tra parentesi*

1. Quando (*loro vivere*) .... a Napoli, (*conoscere*) .... molti americani.

2. L'incidente (*succedere*) .... mentre (*io tornare*) .... a casa.

3. Non (*noi venire*) .... con voi perché (*noi avere*) .... un appuntamento.

4. Che cosa (*loro fare*) .... quando (*voi entrare*) ....?

5. Perché Antonella non (*comprare*) .... il vestito che (*desiderare*) ....
........................?

6. Quando (*noi stare*) .... in Italia (*abitare*) .... nel centro di Firenze.

7. Ieri sera non (*noi uscire*) .... di casa perché (*fare*) .... un
freddo cane.

8. Ieri (*io rimanere*) .... a casa tutto il giorno perché (*stare*) ....
male.

12 *Rispondete alle domande*

1. Perché hai pagato in contanti?

Perché non (*avere*) .... con me la carta di credito.

2. Avete inviato il telegramma alla famiglia Bianchi?

Non abbiamo inviato il telegramma perché (*telefonare*) ....

3. Da quando non vedi Patrizia?

Prima la (*vedere*) .... quasi ogni giorno, adesso raramente.

4. Non ho capito con chi parlavi al telefono: un nuovo amore?

Ma no, ... con quel ragazzo che ho conosciuto a Madrid.

5. A Capodanno ho telefonato per fare gli auguri, ma non rispondeva nessuno.

Non .... nessuno perché (*noi essere*) .... in crociera.

6. Quando eri giovane, viaggiavi spesso?

Sì, quando .... giovane, ... abbastanza.

13 *Sottolineate gli eventuali errori presenti nelle seguenti frasi*

1. Mentre rispondevo al telefono, arrivava Giacomo.

2. Quando abitavo con Remo, ho litigato ogni giorno.

3. Quando sono venuto, ho incontrato i tuoi genitori.

4. Ieri rimanevo a casa tutto il giorno.

5. Mentre passeggiavamo, abbiamo incontrato alcuni amici.

6. Quando sono stato da Giulia, conoscevo mio marito.

7. Lui leggeva il giornale e suo figlio ha visto i cartoni animati in tv.

8. Il treno è arrivato con un'ora di ritardo.

14 *Completate il seguente dialogo*

Gino: Ho saputo che hai avuto un incidente?

Aldo: Una cosa stupida: la mia macchina (*essere*) ....
dal meccanico e non (*volere*) .... prendere quella di mio padre; lui però (*insistere*) ....
.... tanto e alla fine (*accettare*) ....
Mentre (*andare*) .... a prendere Clau-
dia, un gatto (*attraversare*) .... la strada;
(*cercare*) .... di evitare la povera bestia
e così (*sbattere*) .... contro un albero. Adesso a casa (*noi rimanere*)
.... senza macchina.

Gino: E tutto questo per evitare un gatto.

Aldo: Ma (*essere*) .... un gatto nero!!

Gino: Per favore, ancora credi a queste cose?!

15 *Segnate con una X la frase giusta*

1. ❑ a. Gianni aveva un fratello che viveva 5 anni negli Stati Uniti.
   ❑ b. Gianni ha avuto un fratello che ha vissuto 5 anni negli Stati Uniti.
   ❑ c. Gianni aveva un fratello che ha vissuto 5 anni negli Stati Uniti.

2. ❑ a. Quando ero telefonato, Marta dormiva già.
   ❑ b. Quando ho telefonato, Marta dormiva già.
   ❑ c. Quando telefonavo, Marta dormiva già.

3. ❑ a. Ieri non ero bene tutto il giorno.
   ❑ b. Ieri non stavo bene tutto il giorno.
   ❑ c. Ieri non sono stato bene tutto il giorno.

4. ❑ a. Ho aspettato due ore e poi sono andato via.
   ❑ b. Aspettavo due ore e poi sono andato via.
   ❑ c. Ho aspettato due ore e poi andavo via.

5. ❑ a. Mentre ho aspettato l'autobus, ho visto Gina che passava.
   ❑ b. Mentre aspettavo l'autobus, vedevo Gina che passava.
   ❑ c. Mentre aspettavo l'autobus, ho visto Gina che passava.

16 *Completate le frasi con i verbi dati*

> *hai telefonato, ero / hai trovato / stavo, bevevo / era / è andata via /*
> *ha detto / cercavo / ho portato*

1. La sua famiglia .... di Ferrara.

2. Ieri .... il mio cane dal veterinario.

3. Quando ...., io .... fuori.

4. Quando .... in Italia, ... ogni mattina un espresso.

5. Durante il film .... la luce.

6. Non .... delle cose carine.

7. .... di spiegare come fare.

8. .... veramente una bella scusa per non pagare!!

17 *Completate*

Erano le quattro passate e nostro figlio (*tardare*) .... a rientrare. (*Essere*) .... la prima volta che (*andare*) .... fuori con i suoi amici e noi, anche se (*sapere*) .... che erano tutti dei bravi ragazzi, non (*riuscire*) .... a chiudere occhio. (*Guardare*) .... per interminabili ore degli stupidi programmi televisivi. Più volte (*pensare*) .... di andare davanti alla discoteca, ma alla fine (*preferire*) .... rimanere a casa. (*Pensare*) .... ai pericoli, (*vedere*) .... nostro figlio con una siringa in un braccio, o che (*prendere*) .... una di quelle maledette pillole. Verso le quattro (*sentire*) .... il rumore del motorino, (*bussare*) .... ed (*entrare*) ....; che sollievo!!

18 *Completate il dialogo*

Piero: Hai saputo che Marcello ha finito già la specializzazione?

Mauro: Certo, da come (*studiare*) .... non (*potere*) .... essere altrimenti.

Piero: Nella sua famiglia come (*apprendere*) .... la notizia?

Mauro: All'inizio lui non (*volere*) .... far sapere niente, (*desiderare*) .... festeggiare con gli amici e poi con la sua famiglia.

Piero: Immagino la felicità dei suoi.

Mauro: (*Toccare*) .... il cielo con un dito, non (*potere*) .... credere che il loro unico figlio (*essere*) .... ormai un dottore! Pensa che suo padre (*annullare*) .... un viaggio in Brasile per essere presente alla cerimonia; non solo, ma dopo la telefonata (*andare*) .... in un' agenzia immobiliare e (*comprare*) .... quell'appartamento che (*piacere*) .... tanto a Marcello come studio.

19 *Completate le seguenti frasi*

1. Noi (*dovere*) .... essere alla stazione alle cinque e alla fine (*arrivare*) ....
   .... alle cinque e mezzo.
2. Tu non (*dovere*) .... uscire con lui; (*potere*) .... uscire con Alberto.
3. Antonella (*potere*) .... venire con noi solo perché Angela ha rinunciato all'ultimo momento.
4. Io (*potere*) .... restare un po' di più in Italia, ma (*preferire*) ....
   andare in Francia.
5. Io (*dovere*) .... mangiare tutto anche se non (*piacermi*) .... niente.
6. Voi (*volere*) .... visitare il Duomo e alla fine (*fare*) .... solo delle
   compere.
7. (*Noi dovere*) .... restare anche se (*avere*) .... da fare.
8. Mio figlio (*volere*) .... una macchina sportiva, io (*volere*) .... una
   macchina comoda, alla fine (*comprare*) .... una Fiat Punto.

20 *Come il precedente*

1. (*Io dovere*) .... prendere i soldi dalla banca, ma non (*avere*) ....
   .... la carta con me.
2. (*Noi potere*) .... cercare casa con calma perché (*avere*) .... tempo.
3. (*Io dovere*) .... rimanere in vacanza fino a sabato, invece (*dovere*) ....
   .... tornare venerdì.
4. Anche Anna (*volere*) .... essere presente, ma (*essere*) ....
   fuori città e non è venuta.
5. Noi (*potere*) .... passare da voi solo molto presto.
6. Noi (*volere*) .... comprare delle rose; alla fine (*comprare*) ....
   dei garofani.
7. Gianni (*essere*) .... arrabbiato perché non (*potere*) .... consegnare la relazione prima.
8. (*Volere*) .... andare al concerto insieme alle sue amiche, ma alla fine non (*lei
   riuscirci*) .... perché (*dovere*) .... studiare.

21 *Rispondete alle domande con il trapassato prossimo*

1. Perché non sei venuto?
   Perché (*promettere*) .... ai miei di passare da loro.
2. Hai fatto in tempo a prendere l'aereo?
   No, perché non (*mettere*) .... la sveglia.
3. Sei riuscito a trovare una camera?
   Sì, perché prima (*telefonare*) .... a un'agenzia.

4. Avete trovato il portafoglio?

   Sì, (*finire*) .... sotto il divano.

5. Fumi ancora?

   Per un periodo (*smettere*) ....; ora ho ripreso.

6. Ma in Italia non hai comprato proprio niente?

   Non è vero, (*comprare*) .... un poster che ho dato poi ad un mio amico.

7. Dov'è il mio giornale?

   (*Mettere*) .... il tuo giornale insieme alle riviste.

8. Franco è rimasto per molto?

   Quando noi siamo arrivati, lui (*andare*) .... già via.

22 *Completate*

Ieri ho dormito fino a tardi, perché la sera prima (*tornare*) .... dalle vacanze. Il viaggio di ritorno (*essere*) .... molto faticoso, e così, anche se (*promettere*) .... a Carlo di telefonare appena rientrato, sono andato a letto. Il giorno dopo ho fatto colazione a casa e poi sono andato da Carlo, ma (*uscire*) .... Sono passato dal bar dove di solito vediamo le partite e Carlo (*dire*) .... al barista che (*lui essere*) .... invitato a pranzo dalla sua ragazza. Una bella sorpresa: Carlo finalmente (*decidere*) .... di conoscere i genitori di Marina. Io non (*sapere*) .... cosa fare: sono ritornato a casa e ho finito un libro che (*iniziare*) .... a leggere prima di partire.

23 *Completate le seguenti frasi*

1. Quella storia (*andare*) .... a finire come (*prevedere*) .... io.

2. Noi (*essere*) .... stanchi perché (*giocare*) .... a calcio molte ore.

3. Ieri alla televisione (*rivedere*) .... con piacere un film che (*vedere*) .... tanti anni prima.

4. (*Io finire*) .... quasi .... di lavorare quando (*arrivare*) .... un altro cliente.

5. Angelo (*promettere*) .... di prestare a Gino la sua moto, ma alla fine (*inventare*) .... una scusa.

6. Quando (*lei tornare*) .... dal suo viaggio in Africa, (*raccontare*) .... tutto quello che (*vedere*) ....

7. (*Io dimenticare*) .... di chiudere bene la finestra e (*ritornare*) .... indietro.

8. Finalmente (*io ricevere*) .... il libro che (*ordinare*) .... on line.

24 *Completate le frasi mettendo i verbi dati al tempo giusto*

1. Quando (*noi entrare*) ...., il film (*cominciare*) .... già.
2. Marta (*desiderare*) .... tanto uscire con noi, ma non (*noi comprare*) ....
   .... un biglietto anche per lei.
3. Finalmente (*arrivare*) .... la risposta che (*voi aspettare*) .... da
   tempo.
4. (*Io andare*) .... a ritirare il vestito alla lavanderia, ma (*essere*) ....
   chiusa.
5. (*Noi cercare*) .... di avvisare i clienti, ma non (*fare*) .... in tempo.
6. A casa di Paola non (*toccare*) .... niente perché (*mangiare*) ....
   prima a casa mia.
7. Giacomo non (*essere*) .... a casa quando (*io telefonare*) ....
8. Solo davanti casa (*io capire*) .... che (*perdere*) .... le chiavi.

25 *Completate con le preposizioni il seguente mini dialogo*

Olga: Hai litigato .... nuovo .... la tua ragazza?

Max: Questa volta non .... colpa mia.

Olga: E allora?

Max: Avevo un appuntamento .... Gina .... sette .... fermata sotto casa sua.

Olga: E sono sicuro che, come quasi tutte le donne, è arrivata .... mezz'
ora .... ritardo.

Max: Questo è naturale .... lei. Ormai stiamo insieme .... molti anni e sono abituato
.... questi suoi ritardi.

Olga: Ma se sei abituato .... questi ritardi, come dici, non potevi andare .... appuntamento .... sette e un quarto?

Max: Certo! Così, se .... caso arrivava prima .... me, sentivi che storie!!

26 *Completate con le preposizioni*

Siamo arrivati .... città che pioveva; .... giro non c'era un'
anima. Non avevo l'indirizzo .... albergo; avevo lasciato l'agen-
da .... scrivania .... mio ufficio. Mentre cercavo .... mie
carte, alzo la testa e vedo proprio davanti .... noi un'insegna
"Albergo Venezia": era il nostro! Siamo stati veramente fortunati.
Abbiamo preso le valigie .... macchina e siamo entrati. Mentre
un impiegato controllava i nostri documenti, io non vedevo l'ora
.... fare una bella doccia calda e andare subito .... dormire.

27 Ascolto *Ascoltate il brano e segnate le affermazioni giuste*

1. Secondo Mario, l'ultimo film di Verdone
   - ❑ a. è bellissimo
   - ❑ b. non è niente di speciale
   - ❑ c. è molto originale

2. I ragazzi cercano i film della settimana
   - ❑ a. nel giornale
   - ❑ b. in una rivista cinematografica
   - ❑ c. su Internet

3. Tom Cruise
   - ❑ a. piace a tutti e due
   - ❑ b. non piace a nessuno dei due
   - ❑ c. piace molto alla ragazza

4. Protagonista del film che hanno scelto è
   - ❑ a. Maria Grazia Cucinotta
   - ❑ b. Dino Risi
   - ❑ c. Tom Cruise

TEST FINALE

A *Segnate con una X la frase giusta*

1.
   - ❑ a. Ieri ho aspettato inutilmente una tua telefonata per tutta la giornata.
   - ❑ b. Ieri aspettavo inutilmente una tua telefonata per tutta la giornata.
   - ❑ c. Ieri avevo aspettato inutilmente una tua telefonata per tutta la giornata.

2.
   - ❑ a. Aveva fatto la spesa ogni fine settimana allo stesso supermercato.
   - ❑ b. Faceva la spesa ogni fine settimana allo stesso supermercato.
   - ❑ c. Ha fatto la spesa ogni fine settimana allo stesso supermercato.

3.
   - ❑ a. Abbiamo spento la luce e andavamo a dormire.
   - ❑ b. Avevamo spento la luce e siamo andati a dormire.
   - ❑ c. Abbiamo spento la luce e siamo andati a dormire.

4.
   - ❑ a. L'ultima volta che ho avuto l'occasione di parlare con Anna era stato tre anni fa.
   - ❑ b. L'ultima volta che ho avuto l'occasione di parlare con Anna è stato tre anni fa.
   - ❑ c. L'ultima volta che avevo l'occasione di parlare con Anna era tre anni fa.

5.
   - ❑ a. Non riuscivo a seguire quello che avevano detto.
   - ❑ b. Non sono riuscito a seguire quello che avevano detto.
   - ❑ c. Non riuscivo a seguire quello che dicevano.

6. ❑ a. Sono arrivati mentre tutti erano andati via.
   ❑ b. Erano arrivati mentre tutti andavano via.
   ❑ c. Sono arrivati mentre tutti andavano via.

7. ❑ a. Carla andava dalla parrucchiera e tagliava i capelli.
   ❑ b. Carla andava dalla parrucchiera ed ha tagliato i capelli.
   ❑ c. Carla è andata dalla parrucchiera ed ha tagliato i capelli.

8. ❑ a. Da quando è partito non ha dato nessuna notizia.
   ❑ b. Da quando era partito non ha dato nessuna notizia.
   ❑ c. Da quando è partito non aveva dato nessuna notizia.

B *Completate*

1. Da ragazzo (*io abitare*) .... a Bologna e ricordo che spesso (*andare*) ....
   .... al mercatino di Borgo Panigale.
2. Ieri sera a quest'ora (*aspettare*) .... Roberta; dopo due ore, siccome non (*arrivare*)
   ...., ho telefonato a sua madre.
3. Ricordo che in quel periodo i ragazzi (*stare*) .... molto male: (*avere*) ....
   .... quasi ogni giorno mal di stomaco e la febbre.
4. Mentre Alberto (*preparare*) .... la colazione, sua moglie (*svegliare*) ....
   .... i bambini.
5. Da studente non (*lui essere*) .... molto bravo nelle lingue straniere.
6. Ogni estate al mare (*io passare*) .... così le mie giornate: (*nuotare*) ....
   .... per alcune ore, (*prendere*) .... il sole e la sera (*andare*) ....
   .... a ballare in discoteca.
7. Alla mia festa Maria (*portare*) .... un bellissimo vestito da sera.
8. Ricordo che la casa di Cinzia (*avere*) .... una bella terrazza.

C *Come il precedente*

1. Quando Carlo (*abitare*) .... negli Stati Uniti (*potere*) .... imparare
   bene l'inglese.
2. Rita non (*essere*) .... a casa; (*andare*) .... dalla sarta a ritirare una
   gonna che (*fare*) .... accorciare.
3. Voi non avete saputo rispondere perché non (*seguire*) .... quello che il professore (*dire*) ....
4. Tu (*capire*) .... prima di tuo fratello come (*stare*) .... le cose e
   per questo hai smesso di giocare!
5. Quando Lucio Dalla (*cantare*) .... *Caruso*, tutti noi (*cantare*) ....
   insieme a lui.
6. Quando Franco (*venire*) .... a Roma, (*potere*) .... dormire a casa mia.

7. Era una cosa molto difficile discutere con Rosaria: (*volere*) .... avere sempre ragione!

8. Federico non (*potere*) .... scendere al paese perché in quei giorni (*cadere*) ....
   .... molta neve.

D *Completate il cruciverba*

1. Oltre allo scenario e agli attori, la .... è molto importante per il successo di un film.

2. A Rita l'idea è piaciuta, ma io vorrei sentire anche il tuo ....

3. Di solito, ogni nuovo film di Roberto Benigni, batte il record d'............... di quello precedente.

4. Stare molte ore davanti allo .... di un computer, fa male agli occhi.

5. I film di .... sono spesso ambientati nello spazio.

6. L'............... di Massimo Troisi nel film "Il postino" è stata eccezionale.

7. Aveva dei problemi sentimentali, ma non voleva rivolgersi ad uno...............

8. Io non trovo l'idea di Anna banale; anzi, mi sembra abbastanza ....

9. Angelo non ha ancora parlato a quella ragazza perché è molto ....

10. Se ti racconto la .... del libro, capirai perché mi è piaciuto tanto.

Risposte giuste: /34

1 *Rispondete alle domande*

1. Conosci Giorgio?
   Sì, ... conosco.
2. Conosci Giorgio e Paolo?
   Sì, ... conosco.
3. Conosci Giorgio e Maria?
   Sì, ... conosco.
4. Conosci Gianna e Maria?
   Sì, ... conosco.

5. Vedrai Mario?
   Sì, ... vedrò.
6. Vedrai il telegiornale?
   Sì, ... vedrò.
7. Vedrai la partita?
   No, non .... vedrò.
8. Vedrai i ragazzi?
   No, non .... vedrò.

2 *Rispondete alle domande*

1. Adesso mi senti?
   Sì, adesso .... sento bene.
2. Adesso mi sente, dottore?
   Sì, adesso .... sento.
3. Adesso ci sente?
   Sì, adesso .... sento.
4. Adesso ci sentite?
   Sì, adesso .... sentiamo.

5. Papà, cercavi i dolci?
   No, non .... cercavo.
6. Professore, mi cercava?
   No, non .... cercavo.
7. Mi cercavate?
   Sì, ... cercavamo.
8. Mi cercava, signora Grazia?
   Sì, ... cercavo.

3 *Completate con i pronomi diretti*

1. Professore, ... salutiamo; la Sua conferenza è stata magnifica.
2. Signor Pietro, se non conosce la strada, ... accompagno io.
3. Signorina, ... ringrazio dell'ospitalità e arriveder...............
4. Ingegnere, c'è Sua moglie che .... aspetta giù in macchina.
5. Avvocato, Suo figlio .... desidera al telefono.
6. Signorina, quando avrà finito con la corrispondenza, ... prego di passare dal mio ufficio.
7. Signora D'Amato, ... invidio per la Sua pazienza.
8. Dottore, ... stimo tanto per tutto quello che ha fatto.
9. Professoressa, ... invitiamo alla festa di laurea.
10. Gentilissimo direttore, ... vedo sempre con molto piacere!

4 *Come il precedente*

1. Non vedo Carlo da tanto, non so se .... vedrò per il fine settimana.
2. Lo zucchero e il caffè sono finiti. Chi .... va a comprare?

3. Iole è senza macchina. Chi .... accompagna?

4. Ragazzi, cerco casa. Chi .... aiuterà?

5. Questo corso è molto interessante, ma non .... frequenta quasi nessuno.

6. Che sorpresa, un computer tutto mio! Erano mesi che .... chiedevo ai miei.

7. Se tu sei d'accordo, ... aspetto davanti al *Teatro Massimo*.

8. Hai ragione, non leggo tanto, ma questo libro .... leggerò sicuramente.

9. Non posso fare tutto da sola. C'è qualcuno che .... aiuta?

10. Professore, vado proprio dalle Sue parti; se vuole, ... accompagno io.

5 *Come il precedente*

1. Bella quella camicetta. Adesso entro nel negozio e .... compro.

2. Signora, nessun problema: .... faccio accompagnare da mio figlio.

3. Ragazzi, ... aspettiamo per l'ora di cena.

4. Non posso rimanere di più, ... aspettano a casa.

5. Belli questi fiori, ... pianterò nel mio giardino.

6. Signorina, ... ricordo con tanta simpatia.

7. Bello quell'orologio, ... regalerò a mia moglie per il suo compleanno.

8. Lucio e Anna sono un po' arrabbiati con noi perché non .... invitiamo alle nostre feste.

9. Dottore, se non .... disturbo, posso chiamare a casa Sua?

10. Signori, ho l'impressione che non .... seguite.

6 *Completate secondo il modello*

> Sapete chi viene ad abitare nella casa accanto?
> *(Sì,) lo sappiamo.*
> *(No,) non lo sappiamo.*

1. Sapete se è finita la partita?

   ....
   ....

2. Sapevi che Giorgio ha cambiato casa?

   ....
   ....

3. Sai se Luca beve il caffè dolce o amaro?

   ....
   ....

4. Quando sapremo se possiamo partire?

   .... fra due ore.
   .... mai.

5. Lo sapevate che domani ci sarà lo sciopero degli autobus?

   ....
   ....

6. Quando saprete se sono arrivati i soldi in banca?

.... appena andremo in banca.

.... se prima non telefoniamo.

7. Quando saprà i risultati delle analisi?

.... fra una settimana.

.... prima della fine del mese.

8. Sai il numero di telefono di Teresa?

....

....

TERESA   7018352
TATIANA   4360185

7 *Rispondete secondo il modello*

> Quante persone inviterai?
> ...*Ne inviterò*... cinque.
> ...*Ne inviterò*... alcune.
> ...*Non ne inviterò*... nessuna.

1. Quante persone conosci in città?

.... una.

.... poche.

.... nessuna.

2. Professore, quanti pazienti visita al giorno?

.... quindici.

.... tanti.

.... nessuno.

3. Quanto pane mangi?

.... due fette a pranzo.

.... tanto.

.... affatto.

4. Quanti esami darai a giugno?

.... quattro.

.... alcuni.

.... nessuno.

5. Quanta acqua bevi?

.... una bottiglia.

.... tanta.

.... affatto.

6. Quante amiche hai a Roma?

.... sei o sette.

.... poche.

.... nessuna.

8 *Completate secondo il modello*

> Consumate tutto questo latte?
> Sì, ...*lo consumiamo*... tutto.
> No, ...*ne consumiamo*... solo un litro.

1. Berrai tutto quel vino?

Sì, ... tutto.

No, ... solo due bicchieri.

2. Cambierete tutti i mobili?

Sì, ... tutti.

No, ... solo alcuni.

3. Prendi tutte le riviste?

Sì, ... tutte.

No, non .... nessuna.

4. Hai letto tutti questi libri?

Sì, ... tutti.

No, ... la maggior parte.

5. Inviterete tutte queste persone?

Sì, ... tutte.

No, non .... nessuna.

6. Conosci qualche vicino di casa tua?

Sì, ... conosco quasi tutti.

No, non .... nessuno.

7. Userete tutta questa panna?

Sì, ... tutta.

No, ... solo un etto.

8. Porterai tutti i tuoi dischi?

Sì, ... tutti.

No, ... solo alcuni.

9. Proverai tutte le gonne?

Sì, ... tutte.

No, ... solo sei o sette!!

10. Mangi tutta questa pasta?

Sì, ... tutta.

No, ... solo un piatto.

9 _Utilizzate le espressioni sottostanti per le risposte_

> _un mazzo / un sacchetto da cinque chili / una bottiglia di quello rosso secco /_
> _due litri, parzialmente scremato / un vasetto / sei in lattina / quattro pacchi da_
> _mezzo chilo, di quella fresca / due pacchetti_

1. Quanta marmellata vuole? ....

2. Quanto vino vuole? ....

3. Quante sigarette vuole? ....

4. Quante patate vuole? ....

5. Quanti fiori vuole? ....

6. Quanta pasta vuole? ....

7. Quante birre vuole? ....

8. Quanto latte vuole? ....

10 _Rispondete alle domande secondo il modello_

> Hai visto i ragazzi?
> Sì, _li ho visti_ ieri.

1. Dove hai comprato questi pantaloni?

.... ad una vendita promozionale.

2. Avete messo in ordine la vostra camera?

....

3. Dove hai comprato questa borsa?

.... in un negozio vicino a casa mia.

4. Dove hai comprato questo maglione?

.... alla _Standa_.

5. Dove hai comprato queste scarpe?

Non lo so, ... mia madre.

6. Avete messo in ordine i vostri libri?

7. Avete messo in ordine lo studio di papà?

....

8. Hanno ricevuto la mia cartolina da Tokyo?

....

9. Avete messo in ordine le vostre cose?

....

10. Hanno ricevuto il mio regalo di Natale?

....

11 *Rispondete alle domande*

1. Quanti caffè hai bevuto da stamattina?
.... solo tre.

2. È finita tutta la torta o è rimasto qualche pezzo?
No, ... due o tre pezzi per i bambini.

3. Quanti invitati sono venuti alla tua festa?
.... una trentina circa.

4. I poliziotti hanno chiuso le strade che portano in centro?
No, ... solo una.

5. Avete già speso tutti i soldi che vi abbiamo spedito?
Sì, purtroppo .... tutti.

6. Ma quante birre hai comprato?
.... tante perché aspetto gente a cena.

7. Hai comprato la cravatta solo al tuo ragazzo?
No, ... una anche al mio papà.

8. Avete visitato tutte le chiese di Roma?
Impossibile! .... solo sei o sette, le più importanti.

9. Ma quante lettere hai scritto oggi?
.... tante, perché era da un pezzo che non scrivevo a nessuno.

10. Hai incontrato qualcuno dei ragazzi ultimamente?
Sì, ... parecchi.

12 *Unite le espressioni secondo il modello*

Non vedevo Mario da tanto tempo \ ho incontrato Mario allo stadio.
Non vedevo Mario da tanto tempo e l'ho incontrato allo stadio.

1. Non ho salutato Carmen \ perché non ho visto Carmen.

....

2. Abbiamo cercato i tuoi occhiali \ ma non abbiamo trovato i tuoi occhiali.

   ....

3. Non ho con me la carta di identità \ ho dimenticato la carta di identità a casa.

   ....

4. Ho scritto le lettere \ ma non ho spedito le lettere.

   ....

5. Abbiamo chiuso le finestre \ ma il vento ha aperto le finestre.

   ....

6. Ho comprato l'ultimo disco di Zucchero \ ho dimenticato il disco a casa di Lidia.

   ....

7. Ho semplicemente lavato i capelli \ ma non ho tagliato i capelli.

   ....

8. Ho conosciuto i nuovi vicini di casa \ e ho invitato i nuovi vicini di casa a bere un caffè.

   ....

9. È stata una serata noiosa \ ho passato la serata a vedere la televisione.

   ....

10. Ho preparato la carbonara \ ma non ho mangiato la carbonara perché sto a dieta.

   ....

13 *Unite le espressioni secondo il modello*

> Ho commesso tanti errori \ questo è veramente imperdonabile.
> *Di errori ne ho commessi tanti, ma questo è veramente imperdonabile.*

1. Ho vissuto tante situazioni \ questa è unica.
   Di situazioni ....

2. Abbiamo visto tante case \ erano tutte molto care.
   Di case ....

3. Ho provato tante macchine \ la Ferrari è tutta un'altra cosa.
   Di macchine ....

4. Ho assaggiato diversi caffè \ l'espresso è il più aromatico.
   Di caffè ....

5. Ultimamente ho sentito tante canzoni \ quella di Mango è favolosa.
   Di canzoni ....

6. Ho posseduto tante scarpe \ le Valleverdi sono veramente comode.
   Di scarpe ....

7. Abbiamo mangiato diversi tipi di spaghetti \ quelli della Barilla sono veramente buoni.
   Di tipi di spaghetti ....

8. Ho avuto spesso mal di testa \ questo è insopportabile.
   Di mal di testa ....

9. Quest'anno ho letto tanti libri \ l'ultimo di Umberto Eco è il migliore.
Di libri ....

10. Abbiamo fatto tante ore di lezione \ non parliamo ancora bene!
Di ore di lezione ....

14 *Rispondete alle domande*

1. Come avete saputo che Carlo ha cambiato casa?
.... tramite sua madre.
2. Dove hai conosciuto i signori Valente?
.... in vacanza in Puglia.
3. Quando hai conosciuto Sandra?
.... tre o quattro anni fa.
4. Signor Paolo, ha saputo che Anna ha vinto al *Superenalotto*?
No, non ....
5. Hai conosciuto il nuovo professore di storia dell'arte?
Sì, ... a casa di Emanuele.
6. Avete saputo che domani non circoleranno i taxi?
Certo che ....

15 *Rispondete secondo il modello*

> Vuoi vedere la mia casa?
> *Sì, voglio vederla.*
> *Sì, la voglio vedere.*

1. Volete visitare la nostra città?
....
....

2. Vuole ascoltare una canzone di Mina?
....
....

3. Volete vedere le foto del mio matrimonio?
....
....

4. Potete chiudere le finestre?
....
....

5. Dovete restituire i soldi entro domani?
....
....

6. Dovete finire gli esercizi?
....
....

7. Potete cambiare la cassetta?
....
....

8. Potete abbassare il volume della radio?
....
....

16 *Rispondete secondo il modello*

> Ti posso chiamare alle sette?
> *Sì, mi puoi chiamare.*
> *No, puoi chiamarmi alle otto.*

1. Mi potete passare a prendere?

   Sì, ...

   No, non ....

2. Vi possiamo telefonare, sarete a casa?

   Sì, ..., saremo a casa.

   No, non ...., saremo fuori.

3. Mi potete ospitare per alcuni giorni?

   Sì, ...

   No, non ....

4. Ti devo raccontare tutto per filo e per segno?

   Sì, ... proprio tutto.

   No, non .... tutto, solo l'inizio.

5. Ti posso trovare al bar dopo le dieci?

   Sì, ... al bar.

   No, non ...., a quell'ora sarò a casa.

6. Ma non ci potete sopportare proprio per niente?

   Sì, ... per niente!

   No, non .... solo quando fate le difficili.

7. Dopo sei mesi di italiano mi potete capire quando parlo?

   Sì, ...

   No, non .... ancora.

8. Ragazzi, ci potete invitare alla vostra festa?

   Sì, ...

   No, non ...., saremo solo noi ed i nostri genitori.

17 *Unite le espressioni secondo il modello*

> Se siete rimasti senza birra - posso portare io qualche lattina di birra.
> *Se siete rimasti senza birra, **ne** posso portare io qualche lattina.*
> *Se siete rimasti senza birra, posso portar**ne** io qualche lattina.*

1. Ho bisogno di qualche maglione - devo comprare assolutamente un maglione prima della fine degli sconti.

   ....

   ....

2. Mi dispiace, il vestito che piace a Lei non c'è - vuole vedere un altro vestito?

   ....

   ....

3. Non ho bisogno del tuo aiuto - posso fare a meno del tuo aiuto.

   ....

   ....

4. Sono stato pochi giorni a Perugia - e ho potuto ammirare le bellezze di Perugia.

   ....

   ....

5. Siamo rimasti senza latte - dobbiamo prendere almeno un litro di latte per fare colazione domani.

   ....

   ....

6. La vostra offerta è veramente interessante - ma voglio discutere della vostra offerta con mia moglie.

   ....

   ....

7. Se hai bisogno di un prestito - forse puoi chiedere un prestito al *Banco Ambrosiano Veneto*.

   ....

   ....

8. Buono questo vino! - Vuoi assaggiare un bicchiere di questo vino?

   ....

   ....

18 *Completate la lettera con i pronomi adatti*

Pisa, 4 marzo

Cara Iole,

sono tanto contento di aver ricevuto finalmente tue notizie; .... aspettavo da tanto. Puoi stare tranquilla che ho messo da parte i tuoi mobili e appena troverò un'agenzia di trasporti, ... spedirò all'indirizzo segnato nella lettera. Vuoi sapere se ho incontrato difficoltà nel mio lavoro: certo che .... ho incontrate, ma .... ho superate quasi tutte. Di Gianni non .... so quasi niente: da quando ha preso la laurea .... ho perso le tracce. Ho saputo da Eugenio che hai comprato una Fiat Punto GT gialla e .... sei rimasta entusiasta. Brava! Molto probabilmente .... comprerò una anch'io, ma rossa. .... prenderò alla fine del mese.
Al momento non ho altro da dirti, spero di ricevere tue notizie al più presto, ... abbraccio e .... bacio.

Alfredo

19 *Rispondete secondo il modello*

> Hai la carta di credito con te?
> *Sì, (no, non) ce l'ho, eccola.*

1. Avete una sveglia? ....
2. Ilaria, hai una cartina di Napoli? ....
3. Ragazzi, avete i documenti per l'iscrizione? ....

4. Signorina, ha l'accendino? ....

5. Giulia, hai il rossetto? ....

6. Professore, ha i risultati degli esami? ....

7. Antonio, hai le chiavi di casa? ....

8. Signora, ha l'ultimo numero di *Gente*? ....

9. Direttore, ha tutti i documenti necessari? ....

10. Chi ha le fotografie di Carnevale? .... noi.

20 *Rispondete secondo il modello*

> Hai un vestito da sera?
> Sì, *ce ne ho* uno molto bello.

1. C'è un cassonetto solo per le bottiglie di vetro?
   .... uno proprio all'angolo del nostro palazzo.

2. C'è un teatro in questa città?
   Non .... uno, ma .... due.

3. C'è del pane?
   Sì, ... quasi un chilo.

4. C'è una mostra in questi giorni?
   .... una a Palazzo Grassi.

5. Ci sono tante ragazze bionde nella vostra classe?
   Sì, ... tre o quattro, ma .... una bellissima!

6. Ci sono alberghi a cinque stelle?
   .... uno vicino alla stazione.

7. C'è una pizzeria dove mangiare?
   .... tante, ma la pizzeria *Bella Napoli* è la migliore.

8. C'è una agenzia di viaggi dalle nostre parti?
   Sì, ... una in Piazza Bellini.

9. Ci sono programmi interessanti alla televisione?
   Sì, ... alcuni, ma la sera tardi.

10. C'è un treno per Ferrara?
    .... uno che parte dal binario due fra dieci minuti.

Pizzeria
Bella Napoli

21 *Completate con le preposizioni*

1. .... questa città non succede mai niente .... speciale.

2. Non puoi immaginare quanto sono felice .... vedere te e la tua famiglia!

3. Ci vediamo questa sera .... Marco!

4. Non lo vediamo .... almeno tre settimane, l'ultima volta l'abbiamo incontrato ....caso.

5. Puoi essere per le cinque davanti .... negozio .... mio marito?

6. Mi piace tanto il profumo .... fiori e specialmente quello .... rose.

7. Non vado in giro .... persone che non conosco .... molto tempo!

8. Le istruzioni sono .... cassetto .... mia scrivania.

9. Sono tanto felice .... ospitare Lei e la Sua signora.

10. Ieri .... televisione ho seguito un dibattito .... giovani e il lavoro.

22 *Completate il seguente brano*

Un tempo la gente andava .... cinema anche .... fumare .... pace. Oggi non è più possibile. E nemmeno .... certi ristoranti. Alcuni anni fa facevamo la corte .... una ragazza .... sigaretta .... dita, per essere considerati grandi. Oggi c'è il pericolo .... essere considerati sporchi e incivili.
Humphrey Bogart era "la faccia" .... cinema che fumava .... più. Nel film *Casablanca* tutti fumavano, tutti .... eccezione .... donne. Solo .... sessantotto le ragazze hanno imparato .... fumare .... strada; una volta era segno .... maleducazione.

23 Ascolto

a. *Guido e Grazia sono al supermercato. Ascoltate il loro dialogo e segnate i prodotti che hanno effettivamente comprato (non importa se avete parole sconosciute)*

- ❑ latte
- ❑ mozzarella
- ❑ formaggio spalmabile
- ❑ yogurt
- ❑ brioche
- ❑ yogurt alla frutta
- ❑ caffè
- ❑ peperoncini

- ❑ funghi
- ❑ sugo Star
- ❑ olio
- ❑ detersivo
- ❑ crema idratante
- ❑ gel dopo barba
- ❑ schiuma da barba
- ❑ dentifricio

b. *Riascoltate il brano e cercate di rispondere alle domande*

1. Cosa pensa Grazia dello yogurt?
2. Che sugo scelgono e perché?
3. Perché comprano *Lavazza*?
4. Perché Grazia chiama Guido lamentoso?
5. Cosa comprano i due ragazzi alla fine?

TEST FINALE

A *Rispondete alle domande*

1. Comprate spesso riviste italiane?
   Sì, ... spesso.
2. A chi regalerai questa bella camicia?
   .... a Giorgio per il suo onomastico.
3. Dove metti le chiavi?
   .... nella borsetta.
4. Ragazzi, avete spento le luci?
   Sì, ...
5. Chi ci passa a prendere?
   .... Nicola.
6. Hai usato tu il mio registratore?
   No, non .... io.
7. Quando sei stata a Roma hai visitato la Cappella Sistina?
   Sì, ... e sono rimasta a bocca aperta.
8. Avete tradotto i documenti?
   No, non ....
9. Signora, mi capisce quando parlo?
   Sì, professore, ... abbastanza bene.
10. Quando andrai a trovare le ragazze?
    .... stasera.

B *Trasformate utilizzando i pronomi adatti*

1. Dopo tanti anni ho incontrato Luigi, ma non ho riconosciuto (*lui*).
   Dopo tanti anni ho incontrato Luigi, ma non ....
2. Signor Valli, se parla così in fretta, non posso capire (*Lei*).
   Signor Valli, se parla così in fretta, non ....
3. Luca ha cercato (*noi*) per tutta la giornata, ma non ha trovato (*noi*).
   ....
4. Signora Marta, prego (*Lei*) di telefonare dopo le sette.
   Signora Marta, ... di telefonare dopo le sette.
5. Cari amici, prego (*voi*) di aspettare ancora un minuto.
   Cari amici, ... di aspettare ancora un minuto.

6. Abbiamo incontrato (*loro*) alla pizzeria *Napoletana*.

.... alla pizzeria *Napoletana*.

7. Ho visto le ragazze per strada, ma loro non hanno salutato me.

....

8. Voi avete rotto la radio e voi farete aggiustare la radio.

Voi avete rotto la radio e voi .... aggiustare.

C *Completate con i pronomi la seguente lettera*

Palermo, 26 aprile

Egregio direttore,

.... ringrazio tanto per gli inviti che ha mandato a me ed ai miei fratelli. Ieri mattina ho telefonato a Roma, dove abitano, per avvisar.............., ma non .... ho trovat..............; ho provato a richiamar.......... durante la giornata, ma solo la sera sono riuscito a trovar........ Hanno detto che saranno felici di essere presenti all'inaugurazione dei nuovi uffici, e che telefoneranno per ringraziar.......... di persona.

Spero di incontrare anche i miei vecchi colleghi d'ufficio; .... prego di salutar........ tutti da parte mia.

.... saluto cordialmente,

Giuseppe Salemi

D *Completate il cruciverba e scoprite le parole della tabella*

1. Se non lo usiamo abbastanza spesso, è difficile avere denti bianchi.
2. Necessario in caso di malattia.
3. Una crema per combattere la pelle secca.
4. Purtroppo i dolci ne hanno troppe!
5. Nei supermercati ce n'è almeno una speciale ogni settimana.
6. La sente chi perde la calma.
7. Sentimento di allegria.
8. Di giornali e riviste ne vende molti ogni giorno.
9. Latte senza crema.
10. Contenitore di alluminio per caffè, ecc..
11. Di solito molto colorata, è praticamente il "vestito" di un prodotto; a volte c'è anche quella da regalo.
12. Lì possiamo comprare carne di ogni tipo.

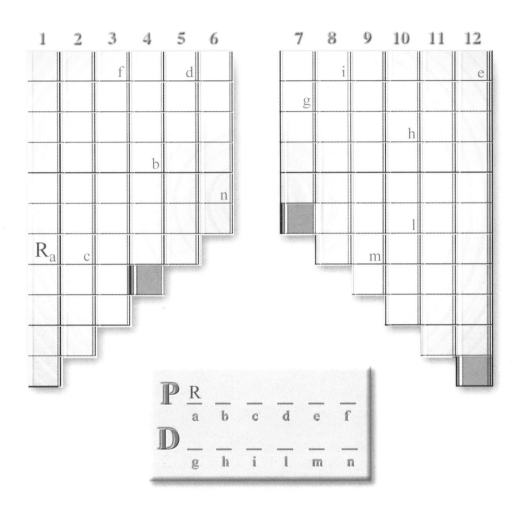

Risposte giuste: /40

3° test di ricapitolazione (Unità 6, 7 e 8)

A *Completate con i possessivi e gli articoli*

1. Non abbiamo potuto chiamare Maria perché abbiamo perso .... numero di telefono.
2. Non è .... registratore che non va bene, sono .... cassette che sono registrate male!
3. Ho chiesto in prestito l'auto a .... padre perché .... non parte.
4. Ho incontrato .... sorella con .... bambini.
5. Certamente io cerco di fare .... interessi, se vuoi tu fai ....
6. In questo mondo, anche se piccolo, ognuno ha .... difetti!
7. Roberto non ama tanto .... lavoro perché guadagna poco.
8. .... cugini abitano a Torino; .... dove abitano?
9. Signor Piero, è arrivato .... figlio.
10. Io ho una sorella e un fratello; .... fratello si chiama Marco, ... sorella si chiama Cristina.

_____ /10

B *Come il precedente*

1. Avevo perso .... portafoglio con tutti .... documenti, ma per fortuna l'ha trovato Elsa.
2. Sai se con lei vengono anche .... amici?
3. Ingegnere, ecco .... insalata mista.
4. Francesco ha invitato a casa .... suocera, ma solo per due giorni.
5. Di chi sono questi appunti? Sono ...., signorina?
6. Ennio, come si chiama .... città?
7. I signori Di Carlo hanno comprato una bella casa con .... risparmi.
8. Signora Rosa, ... figlia è veramente una bella ragazza!
9. Voi avete i vostri problemi, noi abbiamo ....
10. Gino, soltanto ieri abbiamo ricevuto .... lettera.

_____ /10

C *Completate con i dimostrativi*

1. Con .... freddo è meglio accendere il camino.
2. Non è .... la macchina di Giorgio, ma ....
3. .... signora seduta in ultima fila è la moglie di Arturo.
4. Com'è bello .... orologio! È un regalo del tuo fidanzato?
5. Sono veramente comode .... sedie!
6. Prendo un pezzo di .... torta, ... non mi piace.
7. Non è per niente facile risolvere problemi come ....
8. Basta con .... storie; cerchiamo di essere allegri!

9. .... studenti lì sono algerini.

10. .... che dici è molto giusto!

/10

D   *Completate le frasi*

1. Pronto, agenzia *Alpitour*? (*Io volere*) .... prenotare per una settimana a Cuba.

2. Cameriere, (*volere*) .... un altro caffè.

3. Carlo (*piacermi*) .... per il suo modo di parlare.

4. Non (*piacermi*) .... le ragazze che fumano per strada.

5. (*Io volere*) .... avere tanti soldi per non lavorare più!

6. Quando sono all'estero (*io volere*) .... essere al mio paese e quando sono al mio paese (*io volere*) .... essere all'estero!

7. Chiara, ultimamente il tuo comportamento non (*piacermi*) .... per niente!

8. Non (*piacermi*) .... i piatti molto piccanti.

/8

E   *Coniugate i verbi al tempo opportuno*

1. *Essere \ arrivare* Noi .... seduti nel salone quando .... Gino.

2. *Incontrare \ andare* (io) Questa mattina .... Paolo mentre .... in ufficio.

3. *Arrivare \ togliere \ mettere* Appena .... a casa, ... le scarpe e .... le pantofole.

4. *Aspettare \ andare via* Noi .... a lungo e poi ....

5. *Stare \ visitare* Quando voi .... a Firenze .... i musei della città?

6. *Ascoltare \ apprendere* Mentre io .... la radio, ... la notizia.

7. *Cantare \ sentire* Lucio Dalla .... una sua vecchia canzone che non .... da molti anni.

8. *Preparare \ superare* I ragazzi .... bene l'esame e per questo lo ....

9. *Venire \ avere* Io non .... perché .... da fare.

10. *Volere \ trovare* Noi .... andare a vedere il concerto, ma non .... i biglietti.

/10

F   *Correggete gli eventuali errori nelle seguenti frasi*

1. Sono andato a casa di Matteo, ma non l'ho trovato perché non è tornato.

....

2. Carlo e Laura avevano invitato anche me, ma non ho potuto andare.

....

3. Poiché avevo dormito poco, avevo mal di testa.

....

4. Gianni è appena salito sul treno quando ha notato che non ha preso il telefonino.

....

5. Gli ospiti che avevamo aspettato sono arrivati con qualche minuto di ritardo.

....

6. Quando loro arrivavano io dormivo già da un bel po'.

....

7. Molto piacere, signor Salerno, era da tanto che avevo voluto conoscerLa.

....

8. Anche se non mi piaceva, ho dovuto mangiare il dolce che aveva preparato con le sue mani!

....

/8

| Risposte giuste: | /56 |

1 *Completate secondo il modello*

> Mi sveglio presto la mattina.
> *Ci svegliamo presto la mattina.*

1. Ti vesti in fretta la mattina?

   ....

2. Si trova bene in questa città?

   ....

3. Mio figlio si annoia da morire ultimamente.
   I miei figli ....

4. Ti pettini con cura prima di uscire?

   ....

5. Mi diverto tanto quando sono con i miei amici.

   ....

6. Mi sento male in situazioni del genere.

   ....

7. Si vergogna di quanto è successo.

   ....

      8. Si ritira spesso nella sua camera.

      ....

      9. Mi lavo tutte le sere i denti prima di andare a letto.

      ....

    10. Mi accorgo facilmente se una persona dice bugie.

      ....

2 *Coniugate i verbi secondo il modello*

> *sentirsi* (io)   *Oggi mi sento veramente in forma!*

1. *svegliarsi*   Ragazzi, vedo che .... tarduccio!
2. *pettinarsi*   Luisa .... anche sei volte al giorno.
3. *lavarsi*   Quale shampoo usate quando .... i capelli?
4. *spogliarsi* (io)   Adesso .... e faccio una doccia.
5. *accorgersi* (noi)   Non .... sempre quando qualcuno scherza.
6. *trovarsi* (tu)   .... veramente in una situazione difficile.
7. *aggiustarsi*   Vedrete che col tempo tutto ....
8. *farsi*   Perché non .... i fatti vostri?!
9. *spostarsi*   Sono rappresentante e perciò .... spesso in macchina.
10. *addormentarsi*   Di solito .... subito o leggi qualcosa?

3 *Coniugate i verbi*

1. *ricordarsi* (io) .... raramente di pagare le tasse in tempo.
2. *conoscersi* Mio padre e mia madre .... dai tempi del ginnasio.
3. *darsi* Tra loro i giovani .... del tu.
4. *capirsi* Ho notato che spesso tu e tuo fratello non ....
5. *stancarsi* (voi) Secondo me, ... inutilmente.
6. *affacciarsi* Se .... alla finestra, vedrete un bel panorama.
7. *sposarsi* Antonio e Sara .... il mese prossimo.
8. *decidersi* (tu) Quando .... a cambiare macchina?

4 *Completate la domanda o la risposta*

1. Perché non ti fai sentire più spesso?
   Non .... sentire perché sono impegnatissimo.
2. Appena ...., bevi subito un caffè?
   No, alcune volte appena mi alzo, bevo un bicchiere d'acqua e poi il caffè.
3. Perché non ti metti qualcosa di più giovanile?
   Ma come, quello che .... non è giovanile?!
4. Ti vedi spesso con i tuoi amici di liceo?
   Sì, ... vediamo ogni settimana.
5. Quando .... per discutere di questo problema?
   Ci incontreremo fra un mese per discutere di questo e altro.
6. .... con facilità adesso che avete comprato il motorino?
   Non potete immaginare con quanta facilità ci muoviamo adesso.
7. Quando ti laurei?
   .... prima di dicembre.
8. Ma non ti stanchi a stare tante ore davanti ad un computer?
   Sicuramente ...., ma è il mio lavoro.
9. A chi vi rivolgete se avete bisogno di un prestito?
   Di solito .... ad amici.
10. Dove .... di solito?
    Di solito ci ritroviamo in una sala giochi in piazza.

5 *Completate con i verbi dati*

1. *ammalarsi* Le persone anziane .... facilmente.
2. *abbracciarsi* Vittorio e sua madre .... con affetto.
3. *vestirsi* Un attimo solo, ... e scendiamo!
4. *tagliarsi* Devi stare attento con quel coltello, altrimenti ....!
5. *farsi* (io) Stamattina non .... la barba!

6. *svegliarsi*	Mio padre .... tutte le mattine alle cinque per andare a lavorare.
7. *farsi*	Se cadi, ... male!
8. *lamentarsi*	Anna .... spesso delle sue amiche!
9. *decidersi*	Ragazzi, ... a mettere in ordine la vostra stanza?!
10. *prepararsi*	Per questo esame noi .... alla grande.

6 *Coniugate ed abbinate alla frase il verbo adatto*

1. Non sopporto le persone che .... i vestiti.
2. Da quando hanno litigato, Paola e Mauro non .... più.
3. L'autobus .... proprio sotto casa mia.
4. Le persone che .... poco, vivono meglio.
5. Noi .... in chiesa fra un mese.
6. Ultimamente non ....; ho la testa altrove.
7. Non posso capire le persone che .... a prima vista.
8. Ci sono persone che .... di quello che hanno.
9. Quando .... a persone anziane dovete essere gentili.
10. (io) .... con voi! Siete stati veramente eccezionali!

concentrarsi
scambiarsi
congratularsi
parlarsi
accontentarsi
sposarsi
rivolgersi
fermarsi
preoccuparsi
innamorarsi

7 *Completate*

1. *mettersi*	Quando vai sulla moto, ... i guanti?
2. *laurearsi*	Se tutto va bene, Aldo .... fra due mesi.
3. *stancarsi*	Non .... molto quando dormo di pomeriggio.
4. *trovarsi* (noi)	Arrivederci! .... domani al solito posto.
5. *decidersi* (tu)	Quando .... a cambiare abitudini?
6. *divertirsi*	I miei figli .... tanto a guardare i cartoni animati.
7. *accorgersi*	Ma non .... che andate in un'altra direzione?
8. *svegliarsi*	Fate piano, altrimenti i ragazzi ....
9. *perdersi*	Se non guardate le indicazioni, ... come l'ultima volta a Roma.
10. *offendersi*	Non sopporto le persone che .... facilmente.

8 *Completate il testo*

Ennio, impiegato al Comune del suo paese

Ennio (*alzarsi*) .... ogni mattina alle sette, lo seguono la moglie e il figlioletto Nunzio, (*lavarsi*) .... i denti meticolosamente, (*farsi*) .... la barba e dopo cinque minuti va in cucina a fare colazione col resto della famiglia.

Ennio (*considerarsi*) .... un mediocre, nella sua vita non succede mai niente di importante. Non deve fare nemmeno tanta strada a piedi per andare a prendere l'autobus che (*fermarsi*) .... proprio sotto casa. Lui e i suoi amici (*ritrovarsi*) .... ogni sabato pomeriggio al bar.

Oggi è sabato ed il nostro amico (*perdersi*) .... nei suoi pensieri, pensa a quanto (*divertirsi*) .... domani.

9 _Volgete al passato prossimo le frasi_

1. Ti ricordi dove sono le mie chiavi?

   ....?

2. Mi alleno ogni venerdì e sabato alla palestra comunale.

   Ieri non .... perché la palestra comunale era chiusa.

3. Mi alzo spesso durante la notte per bere un bicchiere d'acqua.

   Anche ieri notte .... per bere un bicchiere d'acqua.

4. Vi adattate facilmente all'ora legale?

   .... all'ora legale?

5. Mi sveglio ogni mattina alle otto.

   Anche ieri ....

6. Mi abituo con difficoltà al clima del Nord.

   .... del Nord.

7. Ti trovi bene in questa città?

   ....?

8. Mio marito si annoia quando non ci sono le partite.

   Mio marito e i miei figli .... perché ieri non c'erano le partite.

9. Ci fermiamo poco tempo in Italia.

   ....

10. Mi dimentico quasi sempre del compleanno di mia moglie.

    Anche quest'anno .... del compleanno di mia moglie.

10 _Completate con il passato prossimo_

1. Ieri mentre tornavo a casa pioveva e (*bagnarsi*) ....
2. A teatro noi (*sedersi*) .... in seconda fila.
3. Siccome non conoscevamo la lingua, (*farsi*) .... capire con la mimica.
4. Signor Roversi, (*ricordarsi*) .... di portare il contratto?
5. Non (*voi divertirsi*) .... affatto alla festa di Luisa?

6. Ieri (*io lavarsi*) .... i capelli con un nuovo prodotto.

7. (*Io stancarsi*) .... perché sono stato molte ore in piedi.

8. Gianni e Livio (*iscriversi*) .... alla facoltà di Giurisprudenza.

9. Paolo è una persona che (*farsi*) .... sempre i fatti suoi.

10. Oramai (*noi abituarsi*) .... alle stranezze di Marta.

11 *Come il precedente*

1. Io e Roberta (*vedersi*) .... solo per pochi minuti.

2. Io (*iscriversi*) .... ad una palestra.

3. Con chi (*voi mettersi*) .... d'accordo?

4. Vedo che non (*pentirsi*) .... affatto della tua scelta.

5. Io e Daniele (*incontrarsi*) .... per caso alla stazione.

6. (*Io chiedersi*) .... più volte se vale la pena lavorare tanto.

7. Quando (*accorgersi*) .... che avevi preso il treno sbagliato?

8. Siccome non conoscevo nessuno, (*presentarsi*) .... da sola.

9. Il film non era interessante, non (*tu perdersi*) .... assolutamente niente!

10. Abbiamo telefonato ai ragazzi e (*congratularsi*) .... con loro.

12 *Trasformate secondo il modello*

> A che ora devi alzarti per andare a scuola?
> *Mi devo alzare alle sette.*
> *Devo alzarmi alle sette.*

1. Con chi ti devi incontrare?

.... con il mio ragazzo.

.... con il mio ragazzo.

2. Perché non vi potevate svegliare?

.... perché eravamo andati a letto tardi.

.... perché eravamo andati a letto tardi.

3. Sbaglio o ci dobbiamo vedere con Marina?

Non sbagli, ... con Marina alle nove.

Non sbagli, ... con Marina alle nove.

4. Ma che eleganza! Perché vi dovete vestire così bene?

.... così bene perché siamo invitati ad una festa.

.... così bene perché siamo invitati ad una festa.

5. Come mai non ti puoi addormentare?

.... perché ho bevuto un caffè alle dieci.

.... perché ho bevuto un caffè alle dieci.

6. Ragazzi, ma non vi potete vedere più presto?

No, non .... più presto perché le discoteche aprono molto tardi.

No, non .... più presto perché le discoteche aprono molto tardi.

13 *Come il precedente*

1. Ma non dovevi sposarti il mese scorso?
   Sì, ... il mese scorso, ma ho cambiato idea!!!
   Sì, ... il mese scorso, ma ho cambiato idea!!!
2. Signor Giancarlo, si vuole riposare un po' prima di ripartire?
   Sì, ... un po' prima di ripartire.
   Sì, ... un po' prima di ripartire.
3. Cara, ci potremo fermare un attimo davanti al negozio di *Armani*?
   Certo che ....
   Certo che ....
4. Quando ci possiamo mettere in viaggio?
   .... in viaggio domani alle sei.
   .... in viaggio domani alle sei.
5. Ragazzi, dove ci possiamo trovare?
   Se volete, ... a casa mia.
   Se volete, ... a casa mia.
6. Quando avevi il braccio ingessato ti potevi pettinare?
   No, non ....
   No, non ....

14 *Trasformate secondo il modello*

| *doversi accontentare* | *Mi sono dovuto accontentare* di quattro soldi! |
| | *Ho dovuto accontentarmi* di quattro soldi! |

1. *potersi laureare*   Luca .... grazie all'aiuto di suo zio.
   Luca .... grazie all'aiuto di suo zio.
2. *doversi sbrigare*   ...., altrimenti perdevo il treno.
   ...., altrimenti perdevo il treno.
3. *potersi iscrivere*   Io .... al corso solo dopo aver superato un test.
   Io .... al corso solo dopo aver superato un test.
4. *potersi liberare*   Noi .... di quel fastidioso cliente.
   Noi .... di quel fastidioso cliente.
5. *potersi addormentare*   Lui .... solo dopo che i ragazzi erano andati via.
   Lui .... solo dopo che i ragazzi erano andati via.
6. *potersi alzare*   Ho avuto la febbre e non .... dal letto per una settimana.
   Ho avuto la febbre e non .... dal letto per una settimana.

7. *volersi impegnare*   Io .... per risolvere il problema.

Io .... per risolvere il problema.

8. *potersi godere*   Alla fine lui .... lo spettacolo in santa pace.

Alla fine lui .... lo spettacolo in santa pace.

15 *Trasformate secondo il modello*

> Marco viaggia in aereo per guadagnare tempo.
> *Si viaggia in aereo per guadagnare tempo.*

1. Vivo bene nei piccoli centri.

....

2. Quando mia moglie è in vacanza spende tantissimo.

....

3. Studio meglio in compagnia.

....

4. Ultimamente guadagno di più, ma spendo anche di più.

....

5. A casa mia mangiamo sempre alle 2.

....

6. Per questa strada arriviamo prima!

....

7. Faccio un po' di ginnastica per perdere qualche chilo.

....

8. Quando guidi con calma puoi evitare qualche incidente.

....

9. Cerco sempre di essere puntuale.

....

10. Se continuiamo a spendere, resteremo presto senza una lira.

....

16 *Trasformate secondo il modello*

> In quella discoteca mi diverto tanto.
> *In quella discoteca ci si diverte tanto.*

1. Carla si annoia in questa città.

....

2. Dopo un bel viaggio mi sento bene.

....

3. Quando faccio tardi, mi sveglio con difficoltà.

....

4. Generalmente uno si pente dei propri errori.

....

5. Quando uno si prepara bene, ha successo.

....

6. Tra amici ci diamo del tu.

....

7. Generalmente quando abbiamo fretta, ci vestiamo male.

....

8. Tra colleghi ci aiutiamo sempre.

....

17 *Come il precedente*

1. Al ristorante *da Cesare* uno mangia bene e non paga molto.

....

2. Con queste scarpe cammino bene perché sono molto comode.

....

3. Bisogna saper usare il telefono: se telefoni dopo le 10, spendi poco.

....

4. Voi abitate in una strada molto rumorosa, per questo non potete dormire.
   Quando ....

5. Prima di prendere una decisione importante devo pensare molto.

....

6. A volte lavoriamo tanto per cose inutili!

....

7. D'inverno andiamo a letto più presto.

....

8. Quando lavoro molto mi stanco!

....

9. Nei supermercati risparmiamo abbastanza.

....

10. In certe situazioni non so cosa fare!

....

18 *Trasformate secondo il modello*

> Sono felice quando sono in vacanza.
> *Si è felici quando si è in vacanza.*

1. Quando lavoro troppo sono stanco.

....

2. Dopo una bella dormita mi sento riposato.

....

3. Dopo pranzo mi sento un po' pesante.

....

4. Con questi telegiornali uno non è mai sicuro di conoscere la verità.

   ....

5. Sono infelice quando sono lontano da casa.

   ....

6. Quando sono malata resto a letto.

   ....

7. Sono contento quando posso fare quello che voglio.

   ....

8. Se non sei adatto a un lavoro, devi cambiare.

   ....

9. Se uno non è abituato a guidare molte ore, si stanca.

   ....

10. Quando sono da solo non sono felice.

    ....

19 *Volgete le frasi al passato prossimo*

1. Forse voi vi sbagliate!

   ....

2. Mi pento di non aver terminato il corso.

   ....

3. Dopo tanti anni in giro per il mondo, io e mio marito ci ritiriamo a vivere in campagna.

   ....

4. Carlo e Marina si sposeranno fra un anno.

   .... due anni fa.

5. Anna non si fa bene i conti e rimane spesso senza soldi.

   Questo mese Anna ....

6. Secondo me, ti preoccupi per niente.

   ....

7. Mi accorgo se uno è straniero da come parla.

   .... che Vera era straniera da come parlava.

8. I ragazzi si preparano per uscire.

   ....

9. Per seguire la conferenza mi collegherò con Internet.

   Per seguire la conferenza ....

10. Noi ci sentiamo spesso per telefono.

    La settimana scorsa ....

20 *Trasformate secondo il modello*

situazione / uscire / è / da / questa / difficile.
È difficile uscire da questa situazione.

1. questa / è / fare / il / bagno / possibile / in / piscina.

   ....

2. è / tanto / preoccuparsi / per / inutile / niente.

   ....

3. amico / difficile / parlare / ai / è / propri / figli / da.

   ....

4. è / questo / impossibile / lavoro / prima / finire / di / domani.

   ....

5. volte / a / perdere / continuamente / è / un / amico / meglio / che / litigare.

   ....

6. è / informati / succede / utile / altri / essere / su / quello / che / negli / paesi.

   ....

7. è / salute / meglio / soldi / avere / problemi / di / che / problemi / di.

   ....

8. deve / si / attenti / un / stare / medicinale / di / prima / usare.

   ....

21 *Sottolineate la frase giusta*

1. Il vocabolario di italiano.	Il vocabolario dell'italiano.
2. Abito accanto alla stazione.	Abito accanto della stazione.
3. Ti puoi sedere sul quel divano.	Ti puoi sedere su quel divano.
4. Abito lontano dalla città.	Abito lontano della città.
5. Non ho gli occhiali del sole.	Non ho gli occhiali da sole.
6. Sono venuto con i piedi.	Sono venuto a piedi.
7. Ho vissuto a Siena per due anni.	Ho vissuto a Siena da due anni.
8. Cercheremo di finire presto.	Cercheremo a finire presto.
9. Ti presento un mio amico di Bari.	Ti presento un mio amico da Bari.
10. Sono abituato di studiare da solo.	Sono abituato a studiare da solo.

22 *Completate con le preposizioni*

Vestiti e misteri

Londra sarà pure diventata la città più trendy e creativa .... mondo, ma le inglesi, nobili e ricche, continuano .... vestirsi .... cani. Lo fa notare il giornale londinese *Indipendent* mostrando come anche le star come Victoria Adams, quando comprano abiti .... stilisti, vanno .... stilisti sbagliati e mostrano .... loro teste grandissimi, strani cappelli e altro. Forse loro l'arte .... vestire bene è molto lontana.

23 Ascolto *Ascoltate il brano e segnate le affermazioni esatte*

1. La cliente sta cercando
   - ❑ a. occhiali da sole
   - ❑ b. occhiali da vista
   - ❑ c. occhiali sia da sole che da vista

2. Alla ragazza non piace il primo modello che prova perché
   - ❑ a. è molto caro
   - ❑ b. la montatura è troppo leggera
   - ❑ c. la montatura è un po' pesante

3. Il modello di *Armani* che prova costa
   - ❑ a. 330, senza lo sconto
   - ❑ b. 330, senza le lenti
   - ❑ c. 330, comprese le lenti

4. Non compra il modello di *Byblos* perché
   - ❑ a. il prezzo è ancora alto
   - ❑ b. la linea non è quella che vuole
   - ❑ c. si preoccupa della qualità

TEST FINALE

A *Coniugate al passato prossimo le seguenti frasi*

1. Certe volte è difficile farsi capire.
   Quella volta, invece, non è stato difficile ....

2. Ti rendi conto che fai ancora tanta confusione?
   .... della confusione che hai fatto?

3. Adesso entro nel negozio e mi compro un paio di pantaloni.
   Sono entrato nel negozio e .... un paio di pantaloni.

4. Mi diverto tanto in compagnia di Giuliana.
   L'altro giorno .... tanto in compagnia di Giuliana.

5. Di sera non vado quasi mai a mangiare fuori, ma mi preparo la cena da solo.
   Non sono andato a mangiare fuori, ma .... la cena da solo.

6. Quando c'è il sole io e mio marito ci facciamo una passeggiata per il parco.
   C'era il sole e io e mio marito .... una passeggiata per il parco.

7. Mi pento di non aver ascoltato le tue parole!
   .... di non aver ascoltato le tue parole!

8. Tu non ti preoccupi della tua salute.
   Non .... mai della tua salute.

B *Segnate con una X la frase esatta*

1. ❑ a. Ieri Carla e Maria si sono dovuta alzare molto presto.
   ❑ b. Ieri Carla e Maria sono dovute alzare molto presto.
   ❑ c. Ieri Carla e Maria hanno dovuto alzarsi molto presto.

2. ❑ a. In discoteca ci siamo divertiti un mondo.
   ❑ b. In discoteca ci abbiamo divertiti un mondo.
   ❑ c. In discoteca ci siamo divertito un mondo.

3. ❑ a. Tutte le sere Marco e i suoi amici si incontra al bar da Gino.
   ❑ b. Tutte le sere Marco e i suoi amici si incontrano al bar da Gino.
   ❑ c. Tutte le sere Marco e i suoi amici ci incontriamo al bar da Gino.

4. ❑ a. Signor Gianni, in passato Le è capitato di arrabbiarsi con i Suoi figli?
   ❑ b. Signor Gianni, in passato Le è capitato di arrabbiarti con i Suoi figli?
   ❑ c. Signor Gianni, in passato ti è capitato di arrabbiarti con i tuoi figli?

5. ❑ a. Quando ti sei potuto alzare dal letto?
   ❑ b. Quando ti hai potuto alzare dal letto?
   ❑ c. Quando ti sei potuto alzarti dal letto?

6. ❑ a. Quando vi avete sposato?
   ❑ b. Quando vi siete sposato?
   ❑ c. Quando vi siete sposati?

7. ❑ a. Mi sono dovuti fermare a Genova un giorno in più per uno sciopero.
   ❑ b. Mi sono dovuto fermare a Genova un giorno in più per uno sciopero.
   ❑ c. Mi ho dovuto fermare a Genova un giorno in più per uno sciopero.

8. ❑ a. Paola e Giuseppe non si hanno parlato per due anni.
   ❑ b. Paola e Giuseppe non si sono parlati per due anni.
   ❑ c. Paola e Giuseppe non si sono parlato per due anni.

C   *Completate con i verbi sotto elencati*

> *mettersi - incontrarsi - vedersi - arrabbiarsi - sposarsi*
> *ricordarsi - laurearsi - occuparsi - fidanzarsi - conoscersi*

Giorgio e Francesca .... dai tempi dell'Università. Si sono conosciuti allo sportello della segreteria di Giurisprudenza. Lei .... in fila ed aspettava con calma, lui .... continuamente quando qualche studente cercava di fare il furbo.
Dopo qualche giorno .... a casa di Lorenzo, un amico comune; lui non .... di quella ragazzina che rideva come una matta, e per farsi perdonare

l'ha invitata a ballare. Da quella sera .... spesso, e sono diventati due buonis-
simi amici.

.... otto anni fa ed hanno un ufficio legale in comune. Lei ....
.... di diritto civile e lui di quello penale.

Francesca .... due anni fa con Lorenzo e lui .... con
Marcella e convive con lei da qualche mese.

D *Completate il cruciverba*

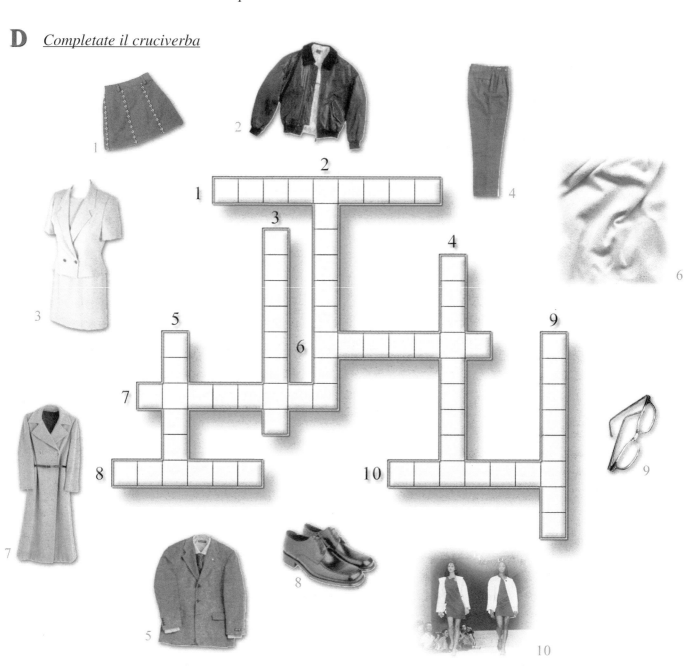

1   *Trasformate secondo il modello*

> Notiamo con piacere che la cura ha fatto veramente bene a lui.
> *Notiamo con piacere che la cura gli ha fatto veramente bene.*

1. Se piace a te questo vestito, puoi prenderlo.

   ....

2. Fra poco verrà Aldo e chiederemo a lui come stanno le cose.

   ....

3. Se volete, telefono io a Gianni e dico a lui di portare i suoi cd.

   ....

4. Signorina, telefono a Lei domani.

   ....

5. Signor direttore, confermo a Lei che l'appuntamento è per domani alle sette.

   ....

6. Sono sicuro che il mio regalo piacerà a lui.

   ....

7. Che cosa ha offerto a voi Marianna?

   ....

8. Signora Olga, presento a Lei il signor Orsini.

   ....

9. Signor Orsini, presento a Lei la signora Olga.

   ....

10. Il tecnico ha spiegato a noi come funziona la lavatrice.

    ....

2   *Trasformate secondo il modello*   *a te*   Cosa ...*ti*... regalerà tuo padre?

1. *a voi*   Quando verrete, ... mostreremo la nostra città.
2. *a te*   Perché quando .... parlo fai finta di non sentire?
3. *a lui*   Questa sera incontrerò Piero e .... darò il tuo numero di telefono.
4. *a te*   Giancarlo .... spedirà il pacco domani.
5. *a me*   La tua idea .... piace tantissimo.
6. *a noi*   Il meccanico .... consegnerà la macchina fra due settimane.
7. *a lui*   Giovanni è un ragazzo d'oro, e io .... voglio molto bene.
8. *a noi*   I soldi che abbiamo messo da parte .... permetteranno di fare una bella vacanza.
9. *a me*   Mariella .... scrive una lettera ogni settimana.
10. *a lei* .... manderò un mazzo di rose rosse per farmi perdonare.

3 _Completate secondo il modello_ | a te sembrare | Ma ..._ti sembra_... una cosa possibile?

1. _a me dispiacere_ ...., ma devo andare via!
2. _a noi piacere_ Abbiamo visto un film con un attore che non .... per niente.
3. _a me prestare_ .... il tuo libro di storia?
4. _a lui regalare_ Oggi è il compleanno di Lorenzo e .... un bel cd di musica italiana.
5. _a lui spedire_ Per Natale noi .... un biglietto di auguri.
6. _a loro spiegare_ Scriverò una lettera e .... la situazione.
7. _a te volere_ Lei non .... bene perché non ha fiducia negli uomini.
8. _a Lei chiedere_ Signor Rossi, ... un favore per mio figlio!
9. _a voi garantire_ Signori, ... che la nostra è veramente un'offerta eccezionale.
10. _a te promettere_ Mamma, ... di essere buono.

4 _Rispondete alle domande secondo il modello_

Cosa chiederai al direttore? ..._Gli chiederò_... solo di capire la mia situazione.

1. Non ti sembra esagerato il tuo modo di fare?
   .... per niente esagerato!
2. Alla fine il direttore vi darà l'aumento?
   Certo che .... l'aumento, ma dal prossimo mese.
3. Ma i tuoi ti permettono di rientrare sempre così tardi?
   Ma che dici, ... di rientrare tardi solo il sabato.
4. Signori, vi dispiace se apro la finestra?
   No, non .... affatto.
5. Gianni non si è fatto vivo; forse la nostra proposta non gli interessa?
   Se non si è fatto vivo, significa che la cosa non ....
6. Quando vi telefonerà per confermare l'appuntamento?
   .... verso le nove di sera.
7. Dottore, quando mi farà avere quelle analisi?
   .... avere le analisi alla fine della settimana.
8. Quando mi risponderai?
   .... appena troverò un po' di tempo libero.
9. Questa cifra non ti basta per fare un mese di vacanze?
   Purtroppo ....

10. Signorina, pensa che mi faranno bene due settimane di vacanze?
    Certo, direttore, penso che .... proprio un gran bene!

5 _Completate secondo il modello_

> _a lui_   Non ..._gli_... ho prestato i soldi perché non ne avevo abbastanza con me.

1. _a te_   Non .... ho spedito ancora i documenti.
2. _a me_   Il parrucchiere .... ha tagliato i capelli corti corti.
3. _a noi_   Oggi l'insegnante .... ha ripetuto la lezione.
4. _a loro_ Quando sono venuti .... ho presentato i miei amici.
5. _a lui_   Il ministro ha ricevuto gli studenti che .... hanno esposto le loro ragioni.
6. _a loro_ Per il loro anniversario di matrimonio .... abbiamo mandato una pianta bellissima.
7. _a lui_   Non .... ho mai detto che .... voglio un sacco di bene!
8. _a voi_   Quella cura .... ha fatto veramente bene.
9. _a me_   Maria .... ha proposto di passare le vacanze con lei.
10. _a te_   Non .... ho mai creduto, non .... credo e non .... crederò mai.

6 _Trasformate con gli indiretti_

1. Quando siamo andati da loro, hanno fatto gustare a noi la loro cucina.
2. Quando hanno telefonato, io avevo già spedito a loro i soldi.
3. Non hanno permesso a noi di entrare poiché lo spettacolo era iniziato.
4. Abbiamo raccontato tutto a Saverio e lui ha dato ragione a noi.
5. Alberto ha proposto a me di andare a lavorare nella sua ditta.
6. Non è vero niente; non ho detto mai a lui che tu eri un bugiardo.
7. Siamo andati da Gino e lui ha mostrato a noi le fotografie della sua fidanzata.
8. Sappiamo che è un goloso e così abbiamo portato a lui una confezione di _baci Perugina_.

7 _Come il precedente_

1. Ho incontrato Aldo e Gianna e ho spiegato a loro la situazione.

   ....

2. Ho ricevuto una lettera da Valerio e ho risposto subito a lui.

   ....

3. Ieri era il compleanno di Stefania e abbiamo mandato a lei un mazzo di rose.

   ....

4. Loro non solo hanno fatto a noi gli auguri per telefono, ma hanno anche inviato a noi un bel regalo!

   ....

5. Ho incontrato Carlo ed ho esposto a lui il mio problema.

   ....

6. Hai detto al cameriere di portare un altro bicchiere?

   ....

7. Ho raccontato ai poliziotti tutto quello che sapevo!

   ....

8. Cari ragazzi, abbiamo spedito a voi quello che avevate richiesto a noi una settimana fa.

   ....

8 *Rispondete alle domande*

1. Signorina, cosa non Le è piaciuto nel mio abbigliamento?
   Non .... i Suoi calzini.
2. Cosa non ti è piaciuto nel suo discorso?
   Non .... le statistiche, erano tutte sbagliate.
3. Vi è piaciuta la sua nuova casa?
   Sì, ... abbastanza, ma non è la fine del mondo.
4. Cosa non Le è piaciuto di Angelo?
   Non .... affatto il suo modo di fare.
5. Ragazzi, vi sono piaciute le scarpe di Antonella?
   Sì, ... tantissimo: Antonella ha molto gusto!
6. Antonio, ti è piaciuto l'ultimo disco di Antonello Venditti?
   Sì, ...

9 *Completate secondo il modello*

Puoi offrire a me una sigaretta?
Mi puoi offrire una sigaretta?
Puoi offrirmi una sigaretta?

1. Posso chiedere a Lei un favore?

   ....

   ....

2. Signori, potete comunicare a noi la data precisa del vostro arrivo?

....

....

3. Puoi portare a me un altro piatto di spaghetti?

....

....

4. Professore, vuole ripetere a noi l'ultima parte della lezione?

....

....

5. Saverio, devi parlare a me proprio adesso?

....

....

6. Dottore, quando posso telefonare a Lei?

....

....

7. Quando arriveremo, potremo telefonare a voi?

....

....

8. Se vedo Marcello, posso dare a lui la tua roba?

....

....

10 _Completate secondo il modello_

| _possiamo spedire_ | Signori, quando ..._vi possiamo spedire_... la merce? |
| | Signori, quando ..._possiamo spedirvi_... la merce? |

1. _devo dare_ — Signor Berti, quanto .... per il Suo lavoro?

Signor Berti, quanto .... per il Suo lavoro?

2. _posso dire_ — Antonio, ... una cosa in privato?

Antonio, ... una cosa in privato?

3. _voglio far capire_ — Caro Pippo, ... che non sempre hai ragione.

Caro Pippo, ... che non sempre hai ragione.

4. _vuole restituire_ — Alessandra non .... la mia camicetta.

Alessandra non .... la mia camicetta.

5. _devo telefonare_ — Marina, ma è possibile che .... sempre io!

Marina, ma è possibile che .... sempre io!

6. _posso mandare_ — Signorina, dove .... la Sua ordinazione?

Signorina, dove .... la Sua ordinazione?

7. _potrà proibire_ — Ragazzi, nessuno .... di partecipare al concorso!

Ragazzi, nessuno .... di partecipare al concorso!

8. *potrà non piacere*   State attenti, perché la pizza napoletana ....

    State attenti, perché la pizza napoletana ....

9. *devo dire*   Ascoltami un attimo, ... una cosa importante.

    Ascoltami un attimo, ... una cosa importante.

10. *posso presentare*   Permette, ... mio marito?

    Permette, ... mio marito?

11 *Completate secondo il modello*

Tu ascolti solo la tua ragazza; ogni tanto (*ascoltare*) ...*ascolta*... anche i tuoi amici!

1. Marta, ti prego, (*parlare*) .... un pochino più forte!
2. Carlo, (*riportare*) .... la macchina in garage!
3. Ragazzi, prima di uscire (*chiudere*) .... bene le finestre!
4. Questa sera (*finire tu*) .... prima, voglio andare al cinema!
5. Se non ti piace il vestito grigio, (*mettere*) .... quello blu!
6. Messaggio per Armando: (*prendere*) .... la moto e (*venire*) ....
.... al bar da Mario; siamo tutti lì per la partita!
7. Ennio, (*ricordare*) .... di prendere il latte e lo zucchero!
8. Ragazzi, (*tornare*) .... prima delle 11, altrimenti chi sente vostro padre!
9. Vi abbiamo fatto una domanda precisa, (*rispondere*) .... per favore!
10. Stiamo da una settimana chiusi in casa, (*uscire*) ....!

12 *Completate secondo il modello*

mangiare   Dai, Rosa, ...*mangia*... un altro pezzo di torta!

1. *entrare*   Ragazzi, ...; vi aspettavamo!
2. *ascoltare*   Sara, non .... tutto quello che ti dicono!
3. *venire* (tu)   .... subito; sono sola a casa!
4. *andare*   .... prima tu, io vengo dopo!
5. *pagare*   Ragazzi, ..., perché non ho abbastanza soldi con me!
6. *cercare*   Tesoro, ... nel cassetto della mia scrivania!
7. *bere*   Gianni, ... almeno un po' di latte!
8. *cantare*   Matteo, per favore non ...., sei molto stonato!
9. *correre*   Ragazzi, ..., altrimenti perderemo il treno!
10. *spedire*   Piero, se vai alla posta, ... questa lettera per mia madre!

13 *Completate con i verbi dati*

1. *mangiare*	Vedo che mangi troppo; non .... tanto!
2. *andare*	Marcello, non .... alla partita; resta un po' con me!
3. *fare*	Noi guardiamo troppa televisione; oggi .... qualcosa di diverso!
4. *aspettare*	Carlo, ..., ti vogliono al telefono!
5. *correre*	Gianni, ... subito a casa, è arrivata la tua ragazza!
6. *leggere*	Ragazzi, prima di firmare, ... bene il contratto!
7. *salire*	Toni, ... sulla terrazza; il vento ha buttato giù l'antenna della tv!
8. *portare*	Caro, ... il bimbo da tua madre!
9. *prendere*	Lavorate come dei pazzi: .... qualche settimana di ferie!
10. *fare*	Luca, ti prego, non .... sempre di testa tua!

14 *Completate con i verbi dati*

1. *chiamare*	Antonella, la bimba ha la febbre alta, ... il medico!
2. *bere*	Giorgio, ... un altro bicchiere di vino con noi!
3. *venire*	Questa volta non hai nessuna scusa, ... a cena con noi!
4. *fare*	Ragazzi, con tutto questo rumore non riesco a studiare; .... silenzio!
5. *usare*	Cara, non .... il cellulare così spesso!!
6. *comprare*	Ma non ti vergogni? .... un'altra macchina!
7. *accompagnare*	Ragazzi, io sono molto occupato, ... voi Carla alla stazione!
8. *perdere*	Ti prego, non .... la calma!
9. *prestare*	.... la macchina a tuo figlio! Ormai è un ragazzo maturo.
10. *ascoltare*	Se non ti piace la musica classica, ... questo disco di Zucchero!

15 *Completate con i verbi dati*

1. *decidersi*	Carlo, vieni o resti? ....!
2. *vestirsi*	Ma come vai in giro così? .... meglio!
3. *sposarsi*	State insieme da nove anni: ma che aspettate, ...!
4. *svegliarsi*	Ragazzi, ... presto, altrimenti perderemo l'aereo!
5. *farsi*	È tardi: .... la barba e scendi subito!
6. *prendersi*	Siete veramente stanchi; .... qualche giorno di vacanza!
7. *riposarsi*	È tutta la giornata che stai in giro; .... qualche ora!
8. *lavarsi*	Bambini, ... i denti e andate a letto!

9. *divertirsi*	Adesso che andrai in vacanza, ...!
10. *lasciarsi*	Se non andate d'accordo, ...!

16 *Trasformate secondo il modello*

> Esco, devo comprare il caffè?
> Sì, ...*compralo*...!

1. Dove devo lasciare la borsa?
   .... sul tavolo!

2. Quanto latte compriamo?
   .... due litri!

3. Ti accompagno io?
   Se puoi, ... tu!

4. Posso invitare i miei amici?
   .... pure!

5. Il mio motorino è vecchio; che faccio, lo vendo?
   ...., così prenderai qualche soldo!

6. Quanti inviti spediamo?
   .... duecento.

7. Dove vi aspettiamo?
   .... al bar!

8. Metto la macchina in garage?
   Sì, ... in garage!

9. Dobbiamo svegliare Luigi?
   Sì, ...!

10. A che ora ti chiamo?
    .... alle nove, sarò a casa!

17 *Rispondete alle domande con l'imperativo*

1. Cosa portiamo a Gianni per la sua festa?
   .... una bottiglia di vino!

2. Non so cosa comprare a mia moglie.
   .... un bel diamante!

3. Chi telefona ai ragazzi?
   .... voi!

4. Vi telefono in ufficio?
   No, ... a casa!

5. Chi parlerà al direttore?
   .... tu!

6. Cosa offriamo a Giacomo?
   .... un cappuccio!

7. Cosa mandiamo alle nostre amiche?

   .... delle cartoline!

8. Mi prepari tu la valigia?

   No, ... da solo!!

9. Quando devo rispondere ai nostri clienti?

   .... domani!

10. Cosa vi raccontiamo?

   .... come avete trascorso questi giorni.

18 _Completate secondo il modello_

Vuoi assaggiare questo vino?	A _Assaggialo_!
	B _Non assaggiarlo_, non è buono!

1. Vuoi restare a Milano?

   A ....!

   B ....! Fa molto freddo.

2. Devi telefonare a Carla?

   A ....!

   B ....! Non sarà a casa.

3. Posso portare le mie amiche?

   A ....!

   B ....! Saremo tutti uomini.

4. Posso prendere la tua macchina?

   A ....!

   B ....! Non va bene.

5. Devi invitare i tuoi amici?

   A ....!

   B ....! Si annoieranno.

6. Vuoi mangiare anche la torta?

   A ....!

   B ....! Ingrasserai.

7. Vuoi prendere il treno delle sei?

   A ....!

   B ....! È un diretto.

8. Devi scegliere un vestito da sera?

   A .... uno in nero!

   B .... uno in nero! È troppo serio.

19 _Completate con la forma conveniente dell'imperativo secondo il modello_

fare	Sergio, ..._fa'_... qualcosa per tua sorella!

1. _andare_ Angela, ... da tua madre, ti aspetta!

2. _dare_ Rosa, per favore, ... una mano a tuo fratello!

3. _fare_ Mi trovo in un grosso guaio: .... qualcosa, aiutami!

4. _essere_ Stefano, ... più ragionevole!

5. *avere* Ragazzi, ... fiducia in me!

6. *dire* Luisa, ... ai bambini di non fare troppo rumore!

7. *stare* Antonella, ... ferma!

8. *dire* Non stare muta, ... qualcosa!

9. *avere* Gino, ... pazienza, tutto finirà bene!

10. *essere* Ragazzi, ... prudenti!

20 *Completate secondo il modello* **dirmi** Se non sei d'accordo, ...*dimmi*... la verità!

1. *darci* Paolo, ... una mano a finire questo lavoro.

2. *farmi* .... vedere quanto sei bravo in matematica!

3. *starmi* Ti prego, ... a sentire, è una cosa seria!

4. *dirci* Elsa, ..., che cosa hai?

5. *farci* .... sentire l'ultimo cd di Nek.

6. *darmi* .... almeno i soldi che ti ho prestato!

7. *starci* Adesso .... a sentire tu!

8. *dirmi* .... come sono andate le cose!

9. *farmi* Ma .... un piacere, non dire tante bugie!

10. *andarci* Ieri sono andato io al supermercato, oggi .... tu!

21 *Completate con le preposizioni*

1. Mamma, non stare .... pensiero, tornerò prima .... mezzanotte.

2. Marcello ha comprato una macchina .... seconda mano .... un suo amico: non è per niente contento .... questa sua scelta.

3. Se è una cosa molto importante, posso passare prima .... te e poi andare .... stadio .... vedere la partita .... Nazionale.

4. Avrai lasciato il libretto .... assegni .... tavolo .... cucina.

5. Non puoi contare sempre .... amici; ogni tanto devi fare qualcosa .... solo.

6. Se arriverai prima .... me, prenota una stanza accanto .... tua.

7. Ragazzi, sono d'accordo con voi, ma .... andare .... mare dobbiamo .... forza invitare Giuliana: è la sola .... noi .... avere una macchina.

8. La sua camera .... pranzo è molto grande.

9. Non sono sicuro .... avere .... me tutto questo denaro!

10. Se proprio vuoi, possiamo fermarci .... prossima stazione .... servizio .... fare benzina e mangiare qualcosa.

22 *Inserite negli spazi le preposizioni date*

1. Non sono mai stato .... tue parti.
2. Gianni è tornato ieri .... Marocco.
3. Sono indeciso se partire adesso o .... un mese.
4. Ti aspetto .... ufficio .... otto.
5. .... periodo .... esami sono sempre molto preoccupato.
6. Finisco .... lavorare tardi.
7. Mi interessa molto il pensiero .... persone care.
8. Vivo .... un piccolo paese.
9. Verrò .... un aereo militare.
10. Hanno regalato a Sofia un bel servizio .... caffè.

fra	*in*
degli	*dal*
dalle	*in*
nel	*di*
con	*alle*
delle	*da*

23 Ascolto

a. *Ascoltate il brano una prima volta e segnate le affermazioni veramente esistenti*

1. La ragazza chiede all'insegnante alcune riviste in prestito. ❑
2. Chiede dei consigli su cosa leggere. ❑
3. L'insegnante trova l'idea ottima. ❑
4. La ragazza non conosceva nessuna delle riviste. ❑
5. Secondo lui, la ragazza non potrà capire tutto. ❑
6. Le suggerisce solo riviste di contenuto politico. ❑

b. *Ascoltate di nuovo il brano e completate la tabella con i dati che mancano*

rivista	contenuto	setti-manale	men-sile	lingua
Panorama	attualità, politica, economia	✔		
	attualità, politica, economia			difficile
il Mondo	attualità, politica, economia			
Europeo				
	moderno			difficile
King				linguaggio giovanile
Donna moderna		✔		
Gulliver				
	religione			
	programmi televisivi	✔		
Vogue	moda			
	moda			
Abitare				

TEST FINALE

A *Segnate con una X la frase giusta*

1. ☐ a. Fammi un piacere, vammi a prendere un'aspirina!
   ☐ b. Fami un piacere, vammi a prendere un'aspirina!
   ☐ c. Fammi un piacere, vami a prendere un'aspirina!

2. ☐ a. Ragazzi, non andare via, restate ancora un po'!
   ☐ b. Ragazzi, non andate via, restate ancora un po'!
   ☐ c. Ragazzi, non andate via, restare ancora un po'!

3. ☐ a. Gianni, questa volta devimi sentire!
   ☐ b. Gianni, questa volta mi devi sentirmi!
   ☐ c. Gianni, questa volta mi devi sentire!

4. ☐ a. Dimmi la verità: anche questa sera hai bevuto!
   ☐ b. Mi dici la verità: anche questa sera hai bevuto!
   ☐ c. Dicimi la verità: anche questa sera hai bevuto!

5. ☐ a. Luca, non fare tanto rumore quando rientri!
   ☐ b. Luca, non fai tanto rumore quando rientri!
   ☐ c. Luca, non fa tanto rumore quando rientri!

6. ☐ a. Stefano, sia coraggioso!
   ☐ b. Stefano, sii coraggioso!
   ☐ c. Stefano, essere coraggioso!

B *Completate con gli indiretti*

1. Amore, per il tuo compleanno (*regalare*) .... un bracciale.

2. Quando mio figlio è lontano, (*mancare*) .... molto!

3. Professore, (*potere a noi*) .... spiegare di nuovo i pronomi indiretti?!

4. Ragazzi, oggi è il compleanno di Stefano: (*fare a lui*) .... una sorpresa?

5. Ragazze, (*presentare a noi*) .... quella vostra amica danese?

6. Direttore, (*dare a Lei*) .... subito il numero di telefono di Madrid.

7. Vittorio, cosa (*consigliare a noi*) .... di fare?

8. Sono certo che il mio regalo (*piacere a lei*) .... sicuramente.

9. Ogni anno a Natale Mario (*portare a noi*) .... un panettone e una bottiglia di spumante.

10. Se questo vestito (*piacere a te*) ...., lo puoi prendere.

C   *Completate le frasi scegliendo il verbo giusto e coniugandolo all'imperativo*

1. Se non puoi aspettare, ... da solo!
2. Ragazzi, ... nel salone!
3. Anna, per favore, ... un bicchiere d'acqua!
4. Carlo, non ....; è una storia molto interessante!
5. Luisa, Marcello, ..., il film sta per iniziare!
6. Marco, questa volta .... bene a sentire!
7. Ti prego, ... al più presto, perché siamo in ritardo!
8. Piero, ... fermo un minuto!
9. Questa sera non posso: se puoi, ... un altro giorno!
10. .... pure come ti pare, io non ti seguirò!

accomodarsi
stare
andarci
portarmi
starmi
chiamarmi
sbrigarsi
fare
finire
smettere

D   *Completate il cruciverba e scoprite la frase che segue*

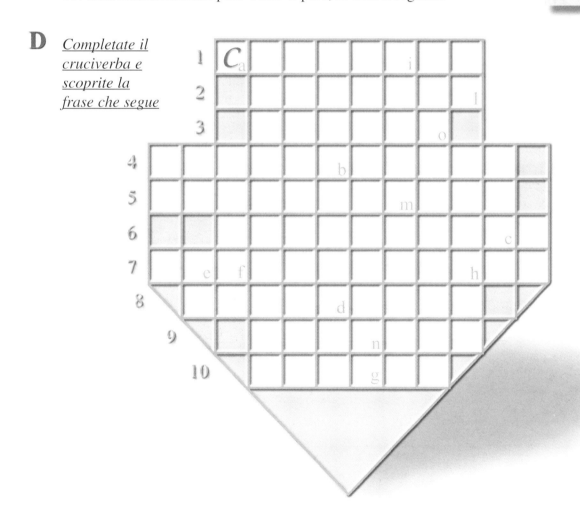

1. Il vincitore del .... ha vinto una *Lancia*.

2. Mia figlia preferisce la scuola .... a quella privata.

3. La legge è .... per tutti, almeno in teoria.

4. Da quando Maria ha rotto il ...., siamo quasi costretti a guardare lo stesso canale!

5. *Panorama* non è mensile, ma ....

6. *Il Corriere della sera* è forse il .... più letto in Italia.

7. Su Rai 3 c'è un .... sulla vita di Cristoforo Colombo.

8. Signori, questa è l'occasione che aspettavamo e la dobbiamo .... al massimo.

9. Hai visto l'ultima .... di "Beautiful" íeri? Me la puoi raccontare?

10. A volte il .... di un articolo non c'entra niente con il suo contenuto.

Risposte giuste: /36

1 *Completate secondo il modello*

> Ho una cosa importante da dirti.
> *Avrei* una cosa importante da dirti.

1. Siamo felici di vedervi.

....

2. Sono disposto a pagare.

....

3. Avete bisogno di un prestito?

....

4. Sei disponibile dopo cena?

....

5. È pronto fra una settimana?

....

6. Ho una certa fame.

....

7. Sono contenti di venire con noi?

....

8. Hai una penna da prestarmi?

....

9. Ha un attimo libero?

....

10. Hanno una storia interessante da raccontare.

....

2 *Completate secondo il modello*

> *fare*   Che bella giornata: ...*farei*... una gita in barca.

1. *capire* (io) .... meglio, ma tutti parlano velocemente.
2. *cantare* Non ho una bella voce, altrimenti ....
3. *aspettare* ...., ma rischio di perdere il treno.
4. *dire* Io .... di partire subito.
5. *partire* Dobbiamo finire questo lavoro, altrimenti .... con voi.
6. *ordinare* .... una pizza, ma so che stai a dieta.
7. *ballare* Sono tanto allegro che .... fino a domani mattina.
8. *preferire* Per noi è difficile scendere in centro: .... incontrarvi a casa nostra.
9. *sentire* .... volentieri l'ultimo disco di Vasco Rossi.
10. *mangiare* È tardi, altrimenti .... un bel piatto di carbonara.

3 *Come sopra*

1. *vedere* (noi) .... volentieri la cassetta del vostro matrimonio.
2. *potere* Scusi signora, ... dirmi che ore sono?
3. *dare* (io) .... tutto quello che ho per vederti felice!
4. *volere* (io) Non .... insistere, ma non hai ragione!
5. *dovere* .... ascoltare i consigli di vostro padre!
6. *sapere* (io) Al tuo posto non .... proprio cosa fare.
7. *andare* Stiamo veramente bene qui che non .... via mai!
8. *vivere* Voi .... in una città tanto caotica?
9. *venire* .... volentieri, ma abbiamo promesso a Maria di andare da lei.
10. *tenere* Mamma, ... il bambino stasera?

4 *Come il precedente*

1. *restare*	Sono tanto stanco: oggi .... a casa.
2. *venire*	Signorina, ... a cena con me?
3. *andare*	Antonio, ... in camera mia a prendermi il vestito nero?
4. *potere*	Ragazzi, ... smettere di parlare tutti insieme?
5. *avere* (tu)	Cosa .... di tanto importante da dirci per telefonarci a quest'ora?
6. *abitare*	Mio padre .... volentieri in una città vicino al mare.
7. *volere* (voi)	Mi hanno detto che .... comprare una villa sul Gargano.
8. *trascorrere*	Io .... volentieri le vacanze in un'isola greca.
9. *dovere*	Da quanto hanno detto, lo sciopero .... finire domani.
10. *essere*	Ci hanno fatto sapere che .... felici di ospitarci per qualche settimana.

5 *Trasformate secondo il modello*

> Abbiamo voglia di vedere gente.
> *Avremmo voglia di vedere gente.*

1. Ho voglia di passare qualche ora con te.
2. Preferisco affrontare il problema da solo.
3. È fantastico poter partire insieme.
4. Vado volentieri per qualche settimana a Roma.
5. Avete voglia di qualche pazzia?
6. Preferisco prendere le vacanze in agosto.
7. Vi piace fare un giro in barca con me?
8. Andate a prendermi un bicchiere d'acqua?

6 *Rispondete alle domande*

1. Dove vi piacerebbe trascorrere le vacanze?
   .... le vacanze a Capri.
2. Andresti a pagare la bolletta della luce?
   Ci ...., ma non ho la macchina.
3. Vorreste partecipare a una partita di calcio?
   ...., ma non siamo bravi.
4. Preferireste una ragazza bella o intelligente?
   .... una ragazza bella e intelligente.
5. Avresti voglia di una gita in montagna?
   Più che di una gita in montagna, ... voglia di una settimana in montagna.
6. Non sarebbe bello ritrovarci tutti come ai vecchi tempi?
   Certo che ....

7 _Trasformate secondo il modello_

> Puoi darmi una mano?
> _Potresti darmi una mano?_

1. Potete passare da Anna che non sta bene?

   ....

2. Signora Teresa, mi può avvisare quando arriva il postino?

   ....

3. Ottavio, ti dispiace abbassare il volume della radio?

   ....

4. Ragazzi, potete andare a ritirare il mio vestito dalla lavanderia?

   ....

5. Signore, mi sa dire dove posso trovare una farmacia aperta?

   ....

6. Alberto, ti dispiace invitare anche la mia fidanzata alla tua festa?

   ....

7. Marco, puoi passare tu da Stefano?

   ....

8. Mi presti per qualche giorno il tuo motorino?

   ....

9. Signore, Le dispiace mettere la Sua firma qui in fondo?

   ....

10. Direttore, mi dà il numero del Suo cellulare?

   ....

8 _Completate con il condizionale semplice_

1. _provare_	Siete molto giovani per sposarvi; io al vostro posto .... prima con la convivenza.
2. _dovere_	Prima di prendere una decisione tanto seria, ... almeno parlarne con i tuoi.
3. _consigliarti_	Lo so che hai ragione, ma io .... di pagare.
4. _fare bene_	Anna, se il dolore continua, ... ad andare da un medico.
5. _dovere_	Per farti perdonare, ... mandarle un mazzo di rose rosse.
6. _essere_	Per mostrare la nostra gentilezza, ... giusto telefonare a casa sua.
7. _fare bene_	Ragazzi, gli esami si avvicinano: .... ad aprire qualche libro!
8. _potere_	Se nella tua fabbrica sono cominciati i licenziamenti, ... da ora cercarti un nuovo lavoro!
9. _consigliarvi_	Ragazzi, ... di prendere con voi qualche maglione.
10. _dovere_	Secondo me, loro .... cercare altrove.

9 *Formulate le domande usando il condizionale*

1. Se tutto va bene, dovremmo essere in città prima di sera.
   ....?

2. Il medico sarebbe in vacanza fino al 20 di questo mese.
   ....?

3. Se non sbaglio, l'autobus per il centro dovrebbe passare fra poco.
   ....?

4. Gli esperti dicono che potrei riprendere a giocare anche il mese prossimo.
   ....?

5. Il forte vento sarebbe la causa della disgrazia.
   ....?

6. Secondo quello che dice, potrebbero essere loro i fortunati vincitori della crociera.
   ....?

7. Secondo la stampa, la famosa cantante arriverebbe stasera.
   ....?

8. Il primo ministro sposerebbe la sua segretaria di nascosto.
   ....?

10 *Rispondete alle domande secondo il modello*

> Perché non studi?   ...*Avrei studiato*..., ma sono tanto stanco.

1. Perché non aspetti altri dieci minuti?
   ...., ma devo ritornare a casa.

2. Alla fine compri o non compri quel vestito?
   L' ...., ma non ho i soldi.

3. La polizia ha arrestato l'assassino?
   L'.., ma è scappato all'estero.

4. Non prendi un gelato?
   L'.., ma ne ho mangiato uno poco fa.

5. Annarita verrà con noi?
   ...., ma il fidanzato non la lascia venire.

6. Resti a cena da noi?
   ...., ma mi aspetta mia madre.

7. Perché non inviti a ballare quella ragazza se ti piace tanto?
   L' ...., ma non so ballare per niente.

8. Alla fine andrete in Sardegna?
   Ci ...., ma c'è lo sciopero dei traghetti.

9. Stasera guarderete la partita a casa tua?

   L' ...., ma il mio televisore è rotto.

10. Teresa, hai voglia di un piatto di tagliatelle?

    Ne ...., ma faccio la dieta.

11 *Completate secondo il modello*

> Perché non è venuta anche tua cugina?
> ...*Sarebbe venuta*..., ma suo figlio non stava molto bene.

1. Alla fine non avete firmato il contratto?

   No, era chiaro che non lo ....

2. Come mai non hai visto la fine del film?

   L'.., ma conoscevo il finale.

3. Signorina, non ha scritto la lettera?

   L'.., ma sono stata due ore dal direttore.

4. Perché non aprite la finestra?

   L'.., ma fa un freddo cane.

5. Ho fatto bene ad andare via?

   No, secondo me .... bene a rimanere.

6. Hai visto la sfilata di Valentino?

   No, ma l'.. con piacere.

7. Mi portate con voi al mare?

   .... volentieri, ma siamo già tanti in macchina.

8. Cosa hai offerto ai ragazzi?

   Gli .... un'aranciata, ma erano finite.

9. Perché non ci avete aspettato?

   ...., ma era già molto tardi e siamo andati via.

10. Pino è tornato?

    .... la settimana scorsa, ma ancora non l'abbiamo visto.

12 *Completate con le forme del condizionale composto*

1. *studiare*	Ero certo che l'anno seguente (io) .... più seriamente.	
2. *venire*	Mi ha assicurato che .... al concerto con me.	
3. *arrivare*	I suoi familiari .... il giorno dopo.	
4. *ritornare*	Mi ha promesso che .... prima delle due.	
5. *esserci*	Ho sentito alla radio che .... uno sciopero.	
6. *aiutarci*	Aveva promesso che ...., ma poi è sparito.	
7. *invitarmi*	Ero certo che Mario e Rosa	
8. *capire*	.... meglio, ma ero lontano e non sentivo bene.	
9. *sposarmi*	.... il mese passato, ma non riesco a trovare casa.	
10. *fare*	Tu .... questa terribile cosa?	

13 *Come il precedente*

1. *prestargli*	.... volentieri la mia macchina, ma era senza benzina.
2. *darvi*	Non sapevo niente, altrimenti .... le chiavi di casa mia.
3. *abitare*	Noi .... volentieri in una villa così bella!
4. *sentire*	...................................., ma eravate seduti in fondo.
5. *uscire*	Non sapevamo che ...., perciò ti abbiamo chiamato.
6. *rimanere*	Penso che tu non .... con tutta quella confusione.
7. *essere*	Io .... felice di conoscere i tuoi.
8. *comprare*	Loro .... una barca più grande, ma non avevano un posto dove metterla.
9. *avere*	Voi .... il coraggio di passare da una strada così buia?
10. *mangiare*	Laura aveva capito che Roby .... due pizze da solo.

14 *Trasformate secondo il modello*

> Non ho letto l'ultimo libro di Giorgio Bocca perché è esaurito.
> ...*Avrei letto*... l'ultimo libro di Giorgio Bocca, ma è esaurito.

1. Non ho visto la trasmissione perché ero fuori casa.
.... la trasmissione, ma ero fuori casa.

2. Non siamo andati via perché l'ambiente ci piaceva tanto.
...................................., ma l'ambiente ci piaceva tanto.

3. Non hai scritto la lettera.
.... la lettera, ma era finita la carta.

4. Non hai preso il caffè?
.... il caffè, ma la macchinetta non funzionava.

5. Non avete invitato Sergio.
.... Sergio, ma non siamo riusciti a trovarlo.

6. Ieri sera non ti sei divertito?
...................................., ma non c'erano i miei amici.

15 *Come il precedente*

1. Paola non ha portato i suoi appunti perché li ha persi.
Paola .... i suoi appunti, ma li ha persi.

2. Doveva dire la verità a tutti i costi!
.... la verità a tutti i costi!

3. Ho mangiato anche se non avevo fame.

...., ma non avevo fame.

4. Perché hai messo la camicetta vecchia?

.... la nuova, ma non era stirata.

5. Non abbiamo telefonato perché erano le due passate.

...., ma erano le due passate.

6. È partito Alessandro?

.... ieri, ma è ancora in ufficio.

16 _Volgete al passato le seguenti frasi secondo il modello_

> Mi piacerebbe venire con voi.   ..._Mi sarebbe piaciuto_... venire con voi.

1. Terrei il bambino, ma ho paura di fargli male.

....

2. Mangerei un dolcino ancora, ma faccio la dieta.

....

3. Sono certo che passerei una giornata meravigliosa, ma non posso venire.
   Ero certo che ....

4. Rivedrei il film di Bertolucci.

...., ma è troppo malinconico.

5. Ci divertiremmo tanto insieme a voi.

.... anche senza andare in discoteca.

6. Finirei prima, se qualcuno mi aiuterà.

...., ma nessuno mi ha aiutato.

17 _Come il precedente_

1. Arriveremmo prima, se prendiamo l'aereo.

...., ma non abbiamo preso l'aereo.

2. Ti telefonerei solo in caso di pericolo.

...., solo che non ho trovato il tuo numero di telefono.

3. Berrei un'altra birra, se c'è.

...., ma non ce n'erano.

4. Vi porterei al mare, se il tempo cambia.

...., ma il tempo non è cambiato.

5. Penso che gradirebbero una nostra visita.
   Pensavo che .... la nostra visita.

6. Studierebbe meglio in una casa meno rumorosa.

.... in una casa meno rumorosa.

18 *Completate secondo il modello*

> So che Daniela lo farà.
> Sapevo che Daniela l'...*avrebbe fatto*..., invece non ha fatto un bel niente.

1. A me Lucio dice che ritornerà presto.

   A me Lucio ha detto che .... presto, ma ancora non è arrivato.

2. Sono sicuro che ti divertirai come un pazzo.

   Ero sicuro che .... come un pazzo e invece, da quello che dici, ti sei annoiato da morire.

3. Ennio dice che cercherà un lavoro appena possibile.

   Nel nostro ultimo incontro Ennio ha ripetuto che .... un lavoro.

4. Non sappiamo quando potremo prenderci una giornata libera.

   Eravamo certi che la prossima settimana .... una giornata libera.

5. Secondo gli esperti, il caldo finirà domani o dopodomani!

   Secondo gli esperti, quel caldo .... il giorno dopo, invece il termometro non è sceso.

6. Mi offri qualcosa?

   .... un caffè, ma sono rimasto senza zucchero.

19 *Come il precedente*

1. Credi che a quest'ora saranno a casa?

   Credevi che a quell'ora... a casa, ma io sapevo che erano fuori.

2. Non so quando avremo un'altra occasione tanto favorevole.

   Insistevo perché sapevo che non .... un'altra occasione tanto favorevole.

3. Sono certo che troverai Chiara un po' antipatica!

   Non capivo perché .... Chiara antipatica; anzi è molto carina.

4. Vorresti venire al lago con noi?

   ...., ma ho promesso a Laura di portarla al mare.

5. Signora, Le dispiacerebbe non partecipare alla manifestazione di domani?

   Signora, ... non partecipare alla manifestazione di ieri?

6. Non so quando ci saranno gli esami.

   Non sapevo quando .... gli esami, tanto non mi interessava.

20 *Completate le seguenti frasi con il condizionale semplice o composto*

1. Mi dispiace, signora: (*accettare*) .... con piacere la Sua offerta, ma non posso davvero rimanere.

2. Dopo pranzo (*volere*) .... riposarmi un po', ma i miei figli facevano un sacco di rumore.

3. Signorina Carla, (*dispiacerLe*) .... passarmi i disegni che sono sulla Sua scrivania?

4. Signor Antonucci, (*essere*) .... così gentile da accompagnare anche i miei figli a scuola?

5. Sono molto preoccupata: Pippo mi ha promesso che (*passare*) .... a prendermi l'altro ieri, ma da allora non si è fatto più vivo.

6. È da tanto tempo che non vedo un film italiano: (*rivederne*) .... uno volentieri, ma ai miei amici non piace il cinema.

7. Ragazzi, (*avere*) .... dieci euro da prestarmi?

8. Signora, mi scusi, (*sapere*) .... dirmi se c'è un telefono qui vicino?

21 *Come il precedente*

1. Vedo che il tempo non cambia: secondo me, (*essere*) .... meglio rimandare il viaggio.

2. Ragazzi, è arrivata una macchina: (*potere*) .... essere quella di vostro padre.

3. Gianni, hai tempo per ascoltarmi? (*Avere*) .... una cosa da dirti.

4. Sono a piedi: (*tu potere*) .... venire a prendermi domani verso le nove?

5. Nicola (*farmi*) .... il favore, ma in quel periodo era all'estero.

6. (*Volere*) .... cambiare la mia moto con una più grossa, ma non ne ho trovata ancora una in buone condizioni.

7. No, grazie, non bevo vino, ma (*bere*) .... volentieri una limonata.

8. Ettore, non sai cosa (*io dare*) .... per poterti aiutare, ma devi credermi, la situazione è veramente difficile!

22 *Come il precedente*

1. Eri l'unica a credere che i ragazzi (*essere*) .... contenti se andavamo a trovarli!

2. Roma, la città eterna, mi piace come nessun'altra: (*rimanerci*) .... per tutta la vita, ma purtroppo sono sposato con un'argentina!

3. Ormai è tardi; (*io dire*) .... che (*essere*) .... meglio fare il viaggio di giorno: si guida meglio e ci si stanca meno!

4. Mamma, (*tenermi*) .... il bambino? Devo assolutamente andare in

banca.

5. Andate a ballare stasera? (*Venirci*) .... anch'io, ma ho invitati a cena.

6. Domenica prossima (*fare*) .... questa gita con voi, ma purtroppo non potrò venirci, perché sarò in Norvegia.

7. Quest'anno (*io passare*) .... volentieri le vacanze al mare, ma mia moglie, d'accordo con i miei figli, ha già deciso per le vacanze esotiche.

8. Domani mattina (*io preferire*) .... rimanere a casa.

23 *Completate con le preposizioni*

1. Ma mi avevi detto che il vestito sarebbe stato pronto .... domani!

2. Siamo .... Firenze .... parecchi giorni, ma non siamo ancora riusciti .... vedere la Galleria degli Uffizi.

3. Il mio sogno sarebbe quello di andarmene .... giro .... le più belle città d'Italia.

4. Soltanto dopo molto tempo è arrivata la cartolina che ci hai spedito .... Capri.

5. Quando scendete, fate attenzione a non lasciare niente .... treno!

6. È meglio se andiamo .... piedi; a volte una passeggiata fa bene!

7. Telefona a tua madre, altrimenti starà .... pensiero.

8. .... il tuo onomastico ti regalerò una borsa .... pelle o un costume .... bagno.

9. Come è bello il tuo abito .... sera! .... quale negozio l'hai comprato?

10. Mi può accompagnare .... stazione .... autobus?

24 *Completate con le preposizioni*

1. Avete telefonato .... Maria .... dirle che passeremo .... lei .... poco?

2. Per molti anni ho abitato .... un appartamento .... secondo piano .... una grande terrazza.

3. .... una boutique .... centro ho visto una bella gonna .... fiori.

4. Buongiorno, avrei bisogno .... un servizio .... caffè .... porcellana.

5. Non sono mai riuscito .... capire .... quale motivo Marta si era innamorata .... Vittorio, che non era .... niente bello.

6. Non vorrei sbagliarmi, ma mi sembra .... averti già visto .... qualche parte.

7. Siccome non ho niente .... fare, ti devo aiutare .... preparare qualcosa?

8. Va bene, ma questo non ha niente .... che vedere .... quello che dicevamo!

9. Vedi quella signora .... capelli rossi? Si è separata .... marito perché era troppo geloso.

10. Vogliamo vendere la casa .... mare e .... questo abbiamo messo un annuncio .... giornale.

25 Ascolto

a. *Ascoltate il brano una o più volte e rispondete alle domande:*

1. All'inizio il figlio sta ascoltando un artista
   - ☐ a. italiano
   - ☐ b. americano
   - ☐ c. africano

2. Secondo il figlio, la musica che piace al padre
   - ☐ a. è "difficile"
   - ☐ b. ha influenze estere
   - ☐ c. non parla d'amore

3. Il figlio trova le canzoni che cita suo padre
   - ☐ a. belle, ma lente
   - ☐ b. molto originali
   - ☐ c. brutte

4. Secondo il giovane, la musica italiana moderna è
   - ☐ a. piacevole
   - ☐ b. semplice
   - ☐ c. originale

b. *Riascoltate il brano e completate la scheda che segue:*

Baglioni

Battisti

Jovanotti

Morandi

Celentano

Carboni

Canzone	Artista
	Gino Paoli
	Claudio Baglioni
Sapore di sale	
	Gianni Morandi
	Adriano Celentano
Anna	
	Lucio Battisti
L'anno che verrà	
Vita spericolata	
	Jovanotti
	Luca Carboni

TEST FINALE

A _Mettete al condizionale semplice o composto i verbi tra parentesi_

1. Mi ha detto che (_venire_) .... e invece non è venuto.
2. Carlo, (_farmi_) .... una cortesia? (_Andare_) ....
   .... un attimo in farmacia a prendermi delle medicine?
3. Perché non stai attento? Questa volta non è successo niente, ma (_tu potere_) ....
   .... anche farmi male!
4. Signora, (_essere_) .... così gentile da dirmi che ora è?
5. Se non ti dispiace, (_io bere_) .... volentieri un'aranciata.
6. A Guido non piaceva il cantante, altrimenti sono sicuro che (_trovare_) ....
   .... i biglietti!
7. Marco, (_gradire_) .... un caffè freddo?
8. Ma Sandra non doveva partire ieri? Sì, (_dovere_) .... partire ieri,
   ma all'ultimo momento ci ha ripensato ed è rimasta.
9. Invece di guardare cosa fanno gli altri, (_potere_) .... occuparti dei
   fatti tuoi!
10. Tutti mi dicevano che l'esame non (_essere_) .... tanto difficile!
11. Io (_dire_) .... di non dare ascolto a queste voci.
12. Avevo un terribile mal di testa, altrimenti (_uscire_) .... con voi.

B _Segnate con una X la frase giusta_

1. ☐ a. Mi avrebbe fatto piacere conoscere i tuoi amici, ma erano andati via.
   ☐ b. Mi sarebbe fatto piacere conoscere i tuoi amici, ma erano andati via.
   ☐ c. Mi farebbe piacere conoscere i tuoi amici, ma erano andati via.

2. ☐ a. Ero convinto che tu avresti potuto mi aiutare.
   ☐ b. Ero convinto che tu mi saresti potuto aiutare.
   ☐ c. Ero sicuro che tu avresti potuto aiutarmi.

3. ☐ a. Signora, Le vorrei chiedere un favore!
   ☐ b. Signora, Le volerei chiedere un favore!
   ☐ c. Signora, vorrei Le chiedere un favore!

4. ☐ a. Lucio ha detto che mi avrebbe portato le cassette questa sera e non le ha portate.
   ☐ b. Lucio ha detto che mi porterebbe le cassette questa sera e non le ha portate.
   ☐ c. Lucio ha detto che avrebbe portatomi le cassette questa sera e non le ha portate.

5. ☐ a. Secondo me, quella ragazza non dovrebbe avere più di 25 anni.
   ☐ b. Secondo me, quella ragazza non avrebbe dovuto avere più di 25 anni.
   ☐ c. Secondo me, quella ragazza non averebbe più di 25 anni.

6. ☐ a. Ho sentito dire che il direttore ti vorrebbe parlarti.
   ☐ b. Ho sentito dire che il direttore vorrebbe parlarti.
   ☐ c. Ho sentito dire che il direttore ti volerebbe parlare.

C *Completate il cruciverba*

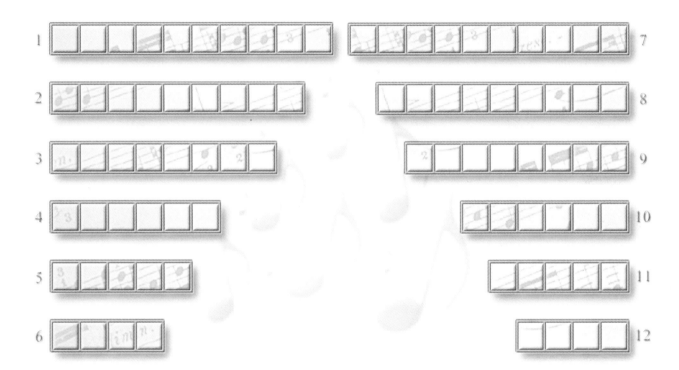

1. Scrive le canzoni che canta.
2. Capita spesso a chi impara l'italiano usando un libro che è poco interessante.
3. Lo siamo se succede qualcosa che proprio non aspettiamo.
4. Lo è qualcuno se gli parliamo male.
5. Gruppo musicale.
6. Ogni Paese ha il suo.
7. Sentimento del sentirsi soli.
8. Sforzo, prova.
9. È sempre l'ultima a morire.
10. Senza esse un walkman sarebbe praticamente inutile.
11. Formano il testo di una canzone o di una poesia.
12. Se si vuole diventare cantanti, è sempre utile averne una bella.

Risposte giuste: /30

4° test di ricapitolazione (unità 9, 10 e 11)

A *Completate secondo il modello*

(*Dimenticarsi*) Carla ...*si è dimenticata*... di portarmi il mio vocabolario.

1. (*Conoscersi*) Da quando .... tu e tuo marito?
2. (*Trovarsi*) Signorina, ... bene o male nella nostra città?
3. Che cosa hai? (*Sentirsi*) .... male?
4. Voi (*ricordarsi*) .... come (*chiamarsi*) .... quella ragazza?
5. (*Coprirsi*) Signorina, se .... bene, non avrà freddo.
6. (*Annoiarsi*) .... quando non abbiamo niente da fare.
7. Paolo e Mario studiano insieme e (*aiutarsi*) .... molto.
8. L'ultimo spettacolo comincia alle dieci e mezzo; se (*sbrigarsi*) ...., facciamo ancora in tempo a vederlo.

___/8

B *Mettete al plurale e viceversa le seguenti frasi*

1. Io mi sono preparato bene per l'esame.
   Noi .... bene per l'esame.
2. Lui si è fatto la barba appena sceso dal letto.
   Carlo e Giacomo .... dopo una settimana.
3. Mara e Giuseppe si sono laureati un mese fa.
   Lui .... prima di loro.
4. Come mai ti sei vestita in questo modo?
   Come mai tu e Paolo .... in questo modo?
5. Perché ti sei messa quella brutta camicetta?
   Perché .... queste brutte scarpe?
6. Ornella si è affacciata alla finestra ed ha visto tutto.
   I ragazzi .... alla finestra ed hanno visto tutto.
7. Ci siamo accorti che non capivamo nulla.
   .... che non capivo nulla.
8. In discoteca mi sono divertito come un pazzo!
   In discoteca .... come dei pazzi.

___/8

C *Trasformate secondo il modello*

Non uscire con questo freddo / potere tu / ammalarsi.
Non uscire con questo freddo, ti puoi ammalare.
Non uscire con questo freddo, puoi ammalarti.

1. I ragazzi alla fine / dovere / accontentarsi / di poco.

    ....

    ....

2. Solo dopo l'Università io e mia moglie / potere / sposarsi.

    ....

    ....

3. Esci dal bagno perché Antonella / volersi / fare la doccia.

    ....

    ....

4. Ieri sera i ragazzi volere / incontrarsi / un'ultima volta prima di partire.

    ....

    ....

5. Faceva veramente caldo e così noi / potere / vestirsi più leggeri.

    ....

    ....

6. Piazza della Signoria è a due passi / voi non potere / sbagliarsi.

    ....

    ....

/6

D *Completate con l'imperativo*

1. Ragazzi, (*mettere*) .... a posto la vostra roba!
2. Se mi vuoi aiutare, (*prendere*) .... una penna e (*scrivere*) ....
    .... quello che ti dico!
3. Signori, (*entrare*) ...., vi prego!
4. Gianni, non (*fumare*) ...., la casa è piena di fumo!
5. Per favore, quando esci, (*chiudere*) .... la porta e (*spegnere*) ....
    .... le luci!
6. Marcella, non (*bere*) .... l'acqua del rubinetto, ha uno strano sapore; (*bere*) .... l'acqua minerale.
7. Per piacere, ragazzi, prima di parlare, (*pensare*) .... bene a quello che dite!
8. Franco, (*parlare*) .... meno e (*finire*) .... di lamentarti!
9. Antonio, ti prego, non (*mangiare*) .... troppo la sera!
10. Bambini, non (*giocare*) .... con queste cose, sono pericolose!

/10

E *Segnate con una X la frase giusta*

1. ☐ a. Ragazzi, non gettate le lattine di coca cola nella spazzatura!
    ☐ b. Ragazzi, non gettare le lattine di coca cola nella spazzatura!

2. ☐ a. Non dire niente a nessuno!
    ☐ b. Non di' niente a nessuno!

3. ❏ a. Tu non mangia troppo!
    ❏ b. Tu non mangiare troppo!

4. ❏ a. Ma fammi un piacere!
    ❏ b. Ma fami un piacere!

5. ❏ a. Di' a Laura di non gridare!
    ❏ b. Dici a Laura di non gridare!

6. ❏ a. Comincia a fare le valigie e, se puoi, preparami un caffè!
    ❏ b. Comincia a fare le valigie e, se puoi, mi prepari un caffè!

7. ❏ a. Entra e non fa storie!
    ❏ b. Entra e non fare storie!

8. ❏ a. Giorgio, telefonami appena arrivi a casa!
    ❏ b. Giorgio, mi telefoni appena arrivi a casa!

_____/8

F *Rispondete alle domande usando i pronomi indiretti*

1. Cosa ha portato il cameriere a quel signore?
   .... un tiramisù.
2. Hai risposto a Marcella?
   Sì, ...
3. Che cosa vi hanno portato i vostri amici adesso che sono ritornati dalla Spagna?
   .... un bel niente!
4. Avete parlato a Carlo?
   Sì, ...
5. Hai dato una bottiglia di vino a tua sorella?
   Certamente, ... una a lei e una a suo marito.
6. Chi farà compagnia ai bambini?
   .... i nonni.
7. Hai consegnato tutto al direttore?
   No, ... solo una parte del lavoro.
8. Hai chiesto scusa a Vittorio?
   No, non .... scusa, e non ho nessuna intenzione di farlo!
9. Hai mostrato a Liliana le foto del nostro matrimonio?
   No, non .... le foto del nostro matrimonio, ma quelle del
   battesimo di nostro figlio.
10. Avete notato che questa situazione vi complica la vita?
    Non è vero che .... la vita!

_____/10

Risposte giuste: /50

150

TEST GENERALE FINALE

A *Completate con le preposizioni*

1. Sono tanto stanco; sono appena tornato .... un viaggio .... aereo e non vedo l'ora .... fare una doccia e andare subito .... letto.

2. Abbiamo preparato una relazione .... uno .... più importanti poeti italiani .... Settecento, ma non è piaciuta .... niente al nostro professore .... letteratura.

3. Quando potrai, passa .... casa .... mia madre e lascia a lei gli appunti .... matematica.

4. Lavorare .... proprio molte volte è più stancante che lavorare .... altri.

5. Piero non ha fatto .... tempo a prendere il treno .... sette, e dunque partirà .... Bologna .... quello .... nove e arriverà .... Firenze .... dieci e mezzo.

6. Ho prestato .... Francesco il mio registratore, lui l'ha dato .... sua sorella, lei è in vacanza .... Sardegna ed io non posso ascoltare le mie cassette.

7. Non vedo Giorgio .... almeno due settimane; sai dov'è andato .... finire o dobbiamo cercarlo .... "pagine gialle"!!!

8. Ho parlato .... tuo figlio .... telefono e .... voce ho capito che qualcosa non andava.

9. Direttore, dobbiamo mandare un tecnico .... controllare i computer .... nostra sede .... Londra.

10. Non mi sembra una notizia .... straordinaria importanza; questa mattina non era .... prime pagine .... alcun giornale.

_____/10

B *Coniugate i verbi tra parentesi al tempo e modo opportuno*

1. Se tutto (*andare*) .... bene e non (*noi incontrare*) .... altre difficoltà, (*noi essere*) .... a Milano fra una settimana.

2. Solo quando (*tu finire*) .... questo lavoro, (*potere*) .... andare in vacanza.

3. (*Io fare*) .... qualsiasi cosa per te e la tua famiglia, ma non (*potere*) .... veramente!

4. Marcello, (*farmi*) .... una cortesia: (*andarmi*) .... a prendere un giornale.

5. Poco fa (*io vedere*) .... Giorgio; (*lui dire*) .... che (*lui passare*) .... da casa, ma ancora non (*farsi*) .... vivo.

6. Angelo (*continuare*) .... a fumare anche se il medico (*dirgli*) .... di smettere.

7. Quando (*essere*) .... studenti non (*pagare*) .... quasi niente per mangiare. Oggi, invece, (*mangiare*) .... male e (*pagare*) .... abbastanza.

8. Ieri (*io andare*) .... a casa di Lucio, ma non (*trovarlo*) ....; infatti, (*uscire*) .... e suo padre non (*sapere*) ....

.... quando (*ritornare*) ....

9. Signor Antonio, (*io volere*) .... parlare solo con Lei.

10. Se (*tu continuare*) .... a mangiare così poco, (*perdere*) ....
.... i chili che vuoi!

11. Stamattina appena (*io arrivare*) .... in ufficio, (*io accendere*) ....
.... il condizionatore perché (*fare*) .... troppo caldo.

12. Claudio, (*chiudere*) .... la finestra!

___/12

C *Rispondete alle domande usando i pronomi*

1. Quando hai visto Gianna?
.... ieri.

2. Hai comprato quella maglietta?
No, ... un'altra.

3. Secondo te, quanti spettatori c'erano al concerto?
.... sicuramente più di tremila.

4. Avete cercato i miei occhiali?
...., ma non ....

5. Signorina, mi hanno chiamato da casa?
Sì, direttore, ... Suo figlio.

6. Avete aggiustato il telefono?
No, non .... ancora, ma .... faremo al più presto.

7. Mi puoi portare con la tua macchina?
No, non posso ...., ho da fare.

8. Ma quante sigarette fumi!
Cosa dici, ... cinque o sei al giorno.

9. A chi devo consegnare questo pacco?
.... a Maurizio.

10. Ti piacerebbe venire a teatro con me?
Certo che ....

11. Ragazzi, vi andrebbe di fare una gita in Toscana?
......................................, ma preferiamo andare in Puglia.

12. Quali libri ti devo restituire?
.... il libro di storia.

___/12

D *Coniugate al tempo e modo opportuno i verbi tra parentesi*

1. Signor Basile, vedo che non (*sentirsi*) .... bene, perché non va a casa?

2. Ragazzi, capita anche a voi di (*annoiarsi*) .... durante le vacanze?

3. Ieri sera siamo andati in un nuovo locale e (*divertirsi*) .... da morire.

4. Manuela ha detto che (*tagliarsi*) .... i capelli, ma non l'ha ancora fatto.

5. Fra amici di infanzia (*capirsi*) .... con uno sguardo.

6. Quando (*tu stancarsi*) ...., potrai smettere di lavorare.

7. Luca e la sua ragazza (*lasciarsi*) .... dopo sette anni.

8. Ma non (*voi potersi*) .... mettere d'accordo prima?!

E *Leggete il testo e rispondete alle domande che seguono*

Il professore era un uomo vecchio, dai capelli bianchi che insegnava a scuola. Ma il suo interesse principale erano le rovine. Ogni domenica andava qua e là, sulla via Appia, o al Foro Romano, o alle Terme di Caracalla, e spiegava le rovine di Roma. In casa sua, poi, libri sulle rovine occupavano più posto che in una libreria: cominciavano dall'ingresso, e continuavano per tutta la casa. Libri che lui teneva molto cari e guai a chi li toccava; libri che lui aveva letto tutti. Eppure non era mai soddisfatto e ogni tanto andava al mercato di libri usati e ritornava sempre con un pacco di libri sotto il braccio.

Perché si era messo in testa di volere una cameriera del mio paese, per me era un mistero. Diceva che erano più oneste e non avevano idee strane in testa. Diceva che erano brave a fare da mangiare. Insomma, siccome non passava giorno che non veniva in portineria, e insisteva sempre con la ragazza ciociara e analfabeta, ho scritto all'unico amico che avevo al paese, e lui mi ha risposto che aveva appunto quello che ci voleva: una ragazza che si chiamava Tuda e che non aveva compiuto ancora vent'anni. Tuda, mi diceva l'amico, aveva un difetto: non sapeva né leggere né scrivere. Ma era proprio quello che il professore voleva.

Tuda arriva una sera a Roma insieme al mio amico ed io ero andato a prenderla alla stazione. Fin dal primo incontro avevo capito che era una brava ragazza, di quelle che sono capaci di lavorare in campagna per una giornata intera senza lamentarsi. Portava sotto il braccio un cesto per me: c'erano dodici uova freschissime. Le dissi che era meglio se le dava al professore, per fare buona impressione; ma lei non aveva pensato al professore perché pensava che doveva certamente avere delle galline. Mi sono messo a ridere e così mentre andavano a casa, tra una domanda e l'altra ho capito che era una selvaggia: non aveva mai visto un treno, una macchina, una casa di sei piani.

adattato da *Racconti romani* di A. Moravia

1. Il professore era
   - ❏ a. una persona che comprava tanti libri
   - ❏ b. una persona che si interessava di archeologia
   - ❏ c. una persona che si interessava in modo quasi maniacale di archeologia

2. Il professore
   - ❏ a. voleva una cameriera analfabeta perché così lei non avrebbe potuto leggere la sua corrispondenza
   - ❏ b. voleva una cameriera contadina perché sapeva cucinare
   - ❏ c. voleva una cameriera contadina perché queste non parlano molto

3. Nel cesto Tuda
   - ❏ a. aveva dodici uova del giorno precedente
   - ❏ b. aveva una dozzina di uova di giornata
   - ❏ c. aveva due galline

4. Tuda era una ragazza
   - ❏ a. che aveva vissuto sempre in città
   - ❏ b. che non aveva mai messo piede in una città
   - ❏ c. che era vissuta per un lungo periodo di tempo in campagna

/4

F *Completate il cruciverba*

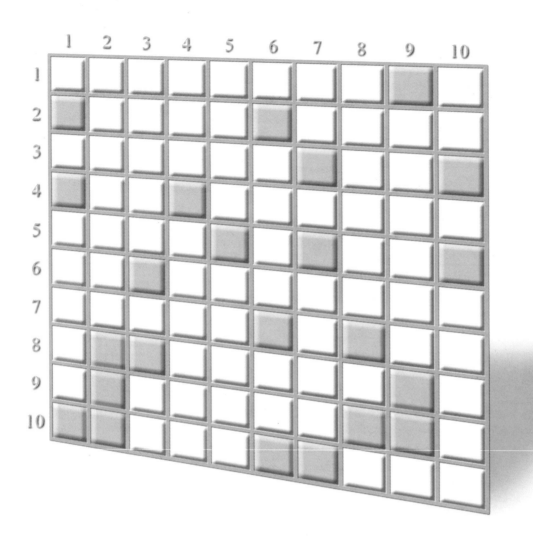

ORIZZONTALI

1. Possibile risposta ad un ringraziamento.
2. Si trova al centro del viso. / L'effetto del vento sul mare.
3. Più che buono. / Pronome personale, quasi sempre accompagnato da una preposizione.
4. Extraterrestre (abbr.). / Comincia per a, ed è l'ultimo piano di un palazzo.
5. La respiriamo. / Pronome personale.
6. Pronome partitivo letto da destra a sinistra. / Può essere diretto, indiretto, possessivo ecc.
7. Il participio passato è "rotto"; la prima persona singolare del presente?
8. Provoca quasi sempre un po' di stress agli studenti.
9. Angosce, paure.
10. Contrario di sempre. / Preposizione.

VERTICALI

1. Ci portano in alto e molto lontano.
2. Non esterno.
3. Alcuni li preferiscono ai cani. / L'inizio di un verbo che ogni innamorato vuole sentire.
4. Ogni popolo ha i suoi. / Da pochissimo tempo.
5. La città eterna. / Un cognome molto comune e... colorato.
6. Cinque più tre. / Preposizione articolata.
7. Mezzo... topo. / Di solito ci danno quello del nonno o della nonna.
8. Migliore amico.
9. Dopo il nono.
10. Preposizione. / Tempo, periodo storico di lunga durata.

Risposte giuste: /78

INDICE GENERALE

INDICE GENERALE

La Prova Orale 1

Materiale autentico per la conversazione
e la preparazione agli esami orali
Livello elementare

La Prova Orale 1 costituisce il primo volume di un moderno manuale di conversazione che mira a fornire quelle opportunità e quegli spunti necessari ad esprimersi in modo spontaneo e corretto, e, nello stesso tempo, a preparare gli studenti ad affrontare con successo la prova orale delle certificazioni delle Università di Perugia (CELI 1 e 2), Siena (CILS 1 e 2), PLIDA (A e B) o altri diplomi.

Il libro è composto da 35 unità tematiche che coprono una vasta gamma di argomenti. Ogni unità tematica comprende: fotografie - stimolo, numerose domande, il lessico utile, attività comunicative e un role-play. La discussione si rinnova continuamente, grazie al materiale presentato, cercando di mantenere sempre vivi l'interesse degli studenti e il ritmo della lezione. Il libro viene completato da un glossario e due brevi test.

La Prova Orale 1 può integrarsi con *Progetto italiano 1*, oppure essere utilizzato separatamente. Si può adottare in classi di principianti o falsi principianti e usare fino ad un livello pre-intermedio; inoltre, il libro è stato disegnato in modo da poter essere inserito in curricoli didattici diversi.

Vocabolario Visuale

Il VOCABOLARIO VISUALE è uno strumento valido per chi vuole imparare il lessico di base della lingua italiana. Attraverso illustrazioni molto moderne presenta in modo vivace e piacevole *oltre 1.000 parole di uso quotidiano*: sostantivi, verbi, aggettivi e preposizioni.

Grazie alla sua impostazione semplice e chiara - 40 unità tematiche di una o due pagine ognuna - e alla sua grafica originale e accattivante (combinazione di foto e illustrazioni tridimensionali) può essere utilizzato sia in classe che a casa (individualmente) da alunni e studenti di *ogni età*.

Il VOCABOLARIO VISUALE può essere usato in modo autonomo, oppure insieme con il cd audio o la audiocassetta, che facilitano l'apprendimento della pronuncia. Può, inoltre, essere accompagnato dal QUADERNO DEGLI ESERCIZI, che contiene un'ampia scelta di attività finalizzate alla memorizzazione delle parole e può, a sua volta, essere usato in classe o individualmente. È corredato dal libro del professore.

Il *Vocabolario Visuale* e il *Quaderno degli esercizi* possono accompagnare *Progetto italiano 1*.

Errata Corrige

	VI edizione	VII edizione
pag. 14 (esercizio 7 - frase 6)	un mini appartamento	un miniappartamento
pag. 17 (es.13 - 3° dial. - 2ª battuta)	Bene, grazie, e	Bene, grazie, e ....?
pag. 35 (esercizio 13 - frase 8)	non hanno il timone a ....,	non hanno il volante a ....,
pag. 61 (esercizio 15 - frase 7)	Penso che .... prima	Probabilmente .... prima
pag. 61 (esercizio 16 - domanda 3)	a. tre milioni in tutto	a. 3.000 in tutto
	b. un milione e mezzo in tutto	b. 1.500 in tutto
	c. tre milioni a testa	c. 3.000 a testa
pag. 65 (esercizio A - frase 3)	Sono andato .... poste	Sono andato .... posta ....
pag. 80 (esercizio 7 - frase 2)	tutti i sabato e domenica	tuti i fine settimana
pag. 82 (esercizio 11 - frase 6)	(abitare) .... al centro di	(abitare) .... nel centro di
pag. 92 (esercizio 5 - frase 4)	Non posso rimanere altro,	Non posso rimanere di più,
pag. 95 (esercizio 11 - frase 4)	che portano al centro?	che portano in centro?
pag. 118 (esercizio 23 - domanda 3)	a. 330.000, senza lo sconto	a. 330, senza lo sconto
	b. 330.000, senza le lenti	b. 330, senza le lenti
	c. 330.000, comprese le lenti	c. 330, comprese le lenti
pag. 127 (esercizio 15 - frase 6)	qualche giorno di vacanze!	qualche giorno di vacanza!
pag. 142 (esercizio 19 - frase 5)	manifestazione domani?	manifestazione di domani?
pag. 143 (esercizio 22 - frase 3)	Ormai è tardi; (lo dire)	Ormai è tardi; (io dire) ....